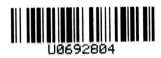

宋范曄撰
唐李賢等注

後漢書

第一册
卷一至卷五（紀一）

中華書局

圖書在版編目(CIP)數據

後漢書/(南朝宋)范曄撰;(唐)李賢等注. —北京:中華書局,1965.5(2024.11 重印)
ISBN 978-7-101-00306-2

Ⅰ.後… Ⅱ.①范… ②李… Ⅲ.中國-古代史-東漢時代-紀傳體 Ⅳ.K234.204.2

中國版本圖書館 CIP 數據核字(2003)第 077632 號

責任印製:管 斌

後 漢 書

(全十二册)

〔南朝宋〕范 曄 撰

〔唐〕李 賢等 注

*

中華書局出版發行

(北京市豐臺區太平橋西里 38 號 100073)

http://www.zhbc.com.cn

E-mail:zhbc@zhbc.com.cn

北京新華印刷有限公司印刷

*

850×1168 毫米 1/32 · 119⅝印張 · 2309 千字

1965 年 5 月第 1 版 2024 年 11 月第 24 次印刷

印數:178451-181450 册 定價:310.00 元

ISBN 978-7-101-00306-2

校點說明

一

後漢書本紀十卷，列傳八十卷，范曄撰。

范曄字蔚宗，南朝宋順陽人，生於晉安帝隆安二年（公元三九八）。他是晉豫章太守范甯的孫子，宋侍中范泰的庶子，因爲出繼給堂伯范弘之，襲封武興縣侯。任彭城王劉義康的參軍，幾次升遷，官至尚書吏部郎。宋文帝元嘉元年（公元四二四），因事觸怒劉義康，左遷爲宣城太守。後漢書是這時候開始寫的。後來又幾次升遷，官至左衞將軍、太子詹事。元嘉二十二年（公元四四五），有人告發他跟孔熙先等密謀擁立劉義康，於是以謀反的罪名被處死刑。

二

在范曄以前，已經有不少人用紀傳體編撰後漢一朝的歷史。除屬於官史性質的東觀漢記外，私人編撰而著錄於隋書經籍志的，有三國吳謝承的後漢書，晉薛瑩的後漢記，晉司馬彪的續漢書，晉華嶠的後漢書，晉謝沈的後漢書，晉張瑩的後漢南記，晉袁山松的後漢書。范曄以東觀漢記爲主要依據，參考各家的著作，自定體例，訂譌考異，删繁補略，寫成後漢書。他能够擷取衆家之長，所以各家關於後漢的史書後來逐漸淘汰，而他的後漢書却作爲「正史」，跟史記、漢書、三國志合稱「四史」。

范曄編撰後漢書，原定十紀、十志、八十列傳，合爲百卷，跟漢書相應，但是十志還沒有寫成，他就被殺害了。現在後漢書裏的律曆、禮儀、祭祀、天文、五行、郡國、百官、輿服等八志，是後人從司馬彪續漢書〔一〕裏取出來補進去的。

范曄來不及像史記有太史公自序和漢書有敍傳那樣，給後漢書寫一篇自序。他在獄中寫過一封信給甥姪們，詳細敍述自己的治學態度，並對未完成的後漢書表示自己的看法。這封信含有自序的性質，殿本後漢書就用自序作標題，附刊在全書之末，現在我們改用獄中與諸甥姪書的標題，把它附在後面。

三

最先注范書的是劉昭。〔二〕因爲范書沒有志，他就把司馬彪續漢書的八篇志（簡稱續志）分爲三十卷，併了進去，並且也作了注。他的注絕大部分已經散失，現在只剩下八篇志的注了（天文志的下卷和五行志的第四卷都全卷沒有注，也一定是散失了）。梁書劉昭傳說他「集後漢同異，以注范書」，可見他注范書略同於裴松之注三國志，偏重於事實的補充而略於文字的訓詁。八篇志的注，就是這樣的。

繼續給范書作注的是唐朝的章懷太子李賢。〔三〕他注范書着重訓詁，跟劉昭不同。王先謙說他注後漢書不比顏師古注漢書差，可惜非一手所成，不免有踳駁漏略之處。實際上他立爲皇太子以後，才跟張大安等共注後漢書，到他被廢爲庶人，注書工作結束，前後只有六年，沒有充裕的時間詳細校訂，踳駁漏略自所難免。何況他們的注書工作似沒有全部完成，如南匈奴傳的注，複沓紕謬，至於不可究詰，體例和文字也跟前後各卷不同，可能不是出於他們之手，而是後人補撰。

四

宋太宗淳化五年（公元九九四）初刻本和眞宗景德二年（公元一〇〇五）校定本都沒有把續志併進去。到了眞宗乾興元年（公元一〇二二），孫奭建議把劉昭注補的續志三十卷（按孫奭誤以爲續志三十卷是劉昭補作的）合刻補闕，他的建議被採納，以後的刻本就都把續志附於范書紀傳之後，毛氏汲古閣本還是這個樣子。而明監本索性把續志合刻在范書紀之後傳之前，並且抹去司馬彪的名，又改劉昭的「注補」爲「補幷注」，清武英殿本又照明監本翻刻。這樣一來，就容易叫人誤認爲八篇志是劉昭所補並且加注的了。

北宋本流傳到現在的只有些殘本，清朝人何焯、惠棟、錢泰吉等都曾經用來跟別本校過。商務印書館影印的紹興本是現存比較完整的南宋本（原闕五卷，影印時借用別本殘册補配）。我們曾經拿紹興本跟傳世的幾個本子比較過，發現各本都誤而紹興本獨不誤的地方很多，就採用它作爲底本。

我們校點的時候，只拿汲古閣本和武英殿本跟紹興本對校。既然拿紹興本作底本，凡是紹興本不誤而汲本、殿本有誤的，都不出校記。異文在兩可之間，不能斷定孰是孰非的，才出校記，說明某本作某。除了比較各本異文，我們也參考前人的研究成果。宋朝人劉攽著有東漢書刊誤四卷，對於范書的譌誤多所刊正。凡是劉說可從的，我們都採入校勘記（劉攽的東漢書刊誤，殿本散附在注文之後，但是採錄不全，并且有錯誤。我們依據的是中華書局史籍叢刊據宸翰樓叢書本重印的本子）。王先謙的集解和黃山的校補已經匯集了前人的校釋，我們也採取其中屬於校訂方面的意見，標明「集解引某某說」、「校補引某某說」。爲了審愼起見，凡是前人說「通鑑作某」或「御覽作某」之處，我們儘可能查對原書。疑有錯誤而前人沒有說到的，我們也儘可能查對，找到旁證，寫入校勘記。前人的研究成果，集解遺漏未採或不及採入的，也擇要寫入校勘記，標明是某人的意見。近人張森楷一生校勘十七史甚勤，有校勘記若干卷，頗多發明，原稿藏在南京圖書館，我們採取其中後漢書部分的若干條寫入校勘記，標明「張森楷校勘記」。

紹興本雖然不失爲一個善本，但是錯字也不少，原本闕失而採取別本補入的部分，問題尤其多。此外還有一些顯著的版刻錯字，我們都依據別本改正，不出校記。我們對於改正錯字，增刪字句，採取審愼的態度。凡是應刪的字用小一號字排印，並加上圓括弧，改正的字或增補的字加上方括弧，同時在校勘記裏說明改正或增刪的依據。可改可不改的，儘量不改，僅在校勘記裏說明問題何在。

後漢書的目錄各本不一致，且多錯誤。爲便於檢查，我們參考各本，重編新目，凡加上星號（*）的，都是各本所無，此次新加的。

我們標點的時候，曾經參考過一部何焯斷句的過錄本。限於水平，校點工作不免有錯誤的地方。尤其是禮儀志、祭祀志、輿服志中關於典制名物的部分，標點起來特别感到困難，錯誤的地方一定更多。希望讀者隨時指出，以便再版時改正。

本書在校點過程中，先後承金兆梓、馬宗霍、孫毓棠諸同志審閱，孫毓棠同志還從頭到尾校讀了兩徧，改正了不少錯誤。律曆志和天文志的標點，曾經請曾次亮同志審閱，禮儀志、祭祀志、輿服志的標點，曾經請孫人和同志審閱，都有所指正。特此一併致謝。

宋雲彬　一九六四年九月一日

〔一〕司馬彪字紹統，晉宗室，高陽王司馬睦的長子，卒於晉惠帝末年（公元三〇六）。他著的續漢書八十三卷，隋書經

籍志和舊唐書經籍志、新唐書藝文志都著錄，宋史藝文志只載劉昭補注後漢志三十卷，不載司馬彪續漢書，可見續漢書到了宋朝只剩八篇志，其餘都散失了。

〔二〕劉昭字宣卿，梁高唐人。曾任臨川王蕭宏的記室和通直郎，最後任剡令。

〔三〕李賢字明允，唐高宗的兒子，武后所生。上元二年（公元六七五）立爲皇太子。他跟張大安、劉納言等共同注釋范曄的後漢書。永隆元年（公元六八〇），被廢爲庶人，跟他共注後漢書的張大安等或被降職，或被流放。光宅元年（公元六八四），武后執政，逼他自殺。唐睿宗即位（公元七一〇），追謚他爲章懷太子。

後漢書目錄

卷二十七　宣張二王杜郭吳承鄭趙列傳第十七……九二七—九五四

卷三十二　樊宏陰識列傳第二十二……一一一九—一一三五

卷三十三　朱馮虞鄭周列傳第二十三……一一三七—一一六三

卷三十七 桓榮丁鴻列傳第二十七……一二四九—一二七三

卷四十二　光武十王列傳第三十二

卷五十六　張王种陳列傳第四十六……一八一五—一八三八

卷七十七　酷吏列傳第六十七……二四八七—二五〇五

卷七十八　宦者列傳第六十八

卷七十九上　儒林列傳第六十九上

卷八十下　文苑列傳第七十下……二六二七—二六六三

卷八十一　獨行列傳第七十一……二六六五—二七〇三

卷八十三　逸民列傳第七十三……二七五五—二七八〇

卷八十四　列女傳第七十四……二七八一—二八〇六

前書直曰匈奴傳不言南北今稱南者明其爲北生義也以南單于向化尤深故舉其順者以冠之東觀記稱匈奴南單于列傳范曄因去其單于二字

光武起後漢乙酉歲改建武元年傳及十二帝至獻帝建安二十五年庚子凡一百九十五年

志第十六　五行四……三三一七—三三四〇

志第二十二　郡國四……三四七一——三五〇四

志第三十　輿服下

獄中與諸甥姪書 范曄

後漢書注補志序 劉昭

後漢書卷一上

光武帝紀第一上

世祖光武皇帝諱秀，字文叔，〔一〕南陽蔡陽人，〔二〕高祖九世之孫也，出自景帝生長沙定王發。〔三〕發生舂陵節侯買，〔四〕買生鬱林太守外，〔五〕外生鉅鹿都尉回，〔六〕回生南頓令欽，〔七〕欽生光武。光武年九歲而孤，養於叔父良。身長七尺三寸，美須眉，大口，隆準，日角。〔八〕性勤於稼穡，〔九〕而兄伯升好俠養士，常非笑光武事田業，比之高祖兄仲。〔一〇〕王莽天鳳中，〔一一〕乃之長安，受尚書，略通大義。〔一二〕

〔一〕禮「祖有功而宗有德」，光武中興，故廟稱世祖。謚法：「能紹前業曰光，克定禍亂曰武。」伏侯古今注曰：「秀之字曰茂。伯、仲、叔、季，兄弟之次。長兄伯升，次仲，故字文叔焉。」

〔二〕南陽，郡，今鄧州縣也。蔡陽，縣，故城在今隨州棗陽縣西南。

〔三〕長沙，郡，今潭州縣也。

〔四〕舂陵，鄉名，本屬零陵（冷）〔泠〕道縣，在今永州唐興縣北，元帝時徙南陽，仍號舂陵，故城（今）在〔今〕隨州棗陽縣東。事具宗室四王傳。

〔五〕鬱林，郡，今（郴）〔貴〕州縣。前書曰：「郡守，秦官。秩二千石。景帝更名太守。」

〔六〕鉅鹿，郡，今邢州縣也。前書曰：「都尉，本郡尉，秦官也。掌佐守，典武職，秩比二千石。景帝更名都尉。」

〔七〕南頓，縣，屬汝南郡，故城在今陳州項城縣西。前書曰：「令、長，皆秦官也。萬戶以上爲令，秩千石至六百石；不滿萬戶爲長，秩五百石至三百石。」

〔八〕隆，高也。許負云：「鼻頭爲準。」鄭玄尚書中候注云：「日角謂庭中骨起，狀如日。」

〔九〕種曰稼，斂曰穡。

〔一〇〕仲，郃陽侯喜也，能爲產業。見前書。

〔一一〕王莽〔始〕建國六年改爲天鳳。

〔一二〕東觀記曰：「受尚書於中大夫廬江許子威。資用乏，與同舍生韓子合錢買驢，令從者僦，以給諸公費。」

莽末，天下連歲災蝗，寇盜鋒起。〔一〕地皇三年，〔二〕南陽荒饑，〔三〕諸家賓客多爲小盜。光武避吏新野，〔四〕因賣穀於宛。〔五〕宛人李通等以圖讖說光武云：「劉氏復起，李氏爲輔。」〔六〕光武初不敢當，然獨念兄伯升素結輕客，必舉大事，且王莽敗亡已兆，天下方亂，遂與定謀，於是乃市兵弩。十月，與李通從弟軼等起於宛，時年二十八。

〔一〕言賊鋒銳競起。字或作「蜂」，諭多也。

〔二〕天鳳六年改爲地皇。

〔三〕韓詩外傳曰：「一穀不升曰歉，二穀不升曰饑，三穀不升曰饉，四穀不升曰荒，五穀不升曰大侵。」

〔四〕新野屬南陽郡，今鄧州縣。續漢書曰：「伯升賓客劫人，上避吏於新野鄧晨家。」

〔五〕東觀記曰：「時南陽旱饑，而上田獨收。」宛，縣，屬南陽郡，故城今鄧州南陽縣也。

〔六〕圖，河圖也。讖，符命之書。讖，驗也。言爲王者受命之徵驗也。易坤靈圖曰：「漢之臣李陽也。」

十一月，有星孛于張。〔一〕光武遂將賓客還舂陵。時伯升已會衆起兵。初，諸家子弟恐懼，皆亡逃自匿，曰「伯升殺我」。及見光武絳衣大冠，〔二〕皆驚曰「謹厚者亦復爲之」，乃稍自安。伯升於是招新市、平林兵，〔三〕與其帥王鳳、陳牧西擊長聚。〔四〕光武初騎牛，殺新野尉乃得馬。〔五〕進屠唐子鄉，〔六〕又殺湖陽尉。〔七〕軍中分財物不均，衆恚恨，欲反攻諸劉。光武斂宗人所得物，悉以與之，衆乃悅。進拔棘陽，〔八〕與王莽前隊大夫甄阜、〔九〕屬正梁丘賜〔一〇〕戰於小長安，〔一一〕漢軍大敗，還保棘陽。

〔一〕前書音義曰：「孛星光芒短，蓬然。張，南方宿也。」續漢志曰：「張爲周地。星孛于張，東南行即翼、軫之分。翼、軫，楚地，是楚地將有兵亂。後一年正月，光武起兵舂陵，攻南陽，斬阜、賜等，殺其士衆數萬人。光武都雒陽，居周地，除穢布新之象。」

〔二〕董巴輿服志曰：「大冠者，謂武冠，武官冠之。」東觀記曰：「上時絳衣大冠，將軍服也。」

〔三〕新市，縣，屬江夏郡，故城在今郢州富水縣東北。平林，地名，在今隨州隨縣東北。

〔四〕廣雅曰：「聚，居也，音慈論反。」前書音義曰：「小於鄉曰聚。」

〔五〕前書曰，尉，秦官，秩四百石至二百石也。

〔六〕例曰：「多所誅殺曰屠。」唐子鄉有唐子山，在今唐州湖陽縣西南。
〔七〕湖陽屬南陽郡，今唐州縣也。東觀記曰：「劉終詐稱江夏吏，誘殺之。」
〔八〕縣名，屬南陽郡，在棘水之陽，古謝國也，故城在今唐州湖陽縣西北。棘音已力反。
〔九〕王莽置六隊，郡置大夫一人，職如太守。南陽爲前隊，河內爲後隊，潁川爲左隊，弘農爲右隊，河東爲兆隊，滎陽爲祈隊。隊音遂。
〔10〕王莽每隊置屬正一人，職如都尉。
〔11〕續漢書曰淯陽縣有小長安聚，故城在今鄧州南陽縣南。

更始元年正月甲子朔，漢軍復與甄阜、梁丘賜戰於沘水西，大破之，斬阜、賜。〔一〕伯升又破王莽納言將軍嚴尤、秩宗將軍陳茂於淯陽，〔二〕進圍宛城。

〔一〕沘水在今唐州沘陽縣南。廬江灊縣亦有沘水，與此別也。沘音比。
〔二〕前書曰，納言，虞官也，掌出納王命，所謂喉舌之官也，歷秦、漢不置，王莽改大司農爲之。桓譚新論云莊尤字伯石，此言「嚴」，避明帝諱也。秩宗，虞官也，掌郊廟之事，周謂之宗伯，秦、漢不置，王莽改太常爲秩宗，後又典兵，故納言、秩宗皆有將軍號也。淯陽，縣，屬南〔陽〕郡，故城在今鄧州南陽縣南（在）淯水之陽。淯音育。

二月辛巳，立劉聖公爲天子，以伯升爲大司徒，光武爲太常偏將軍。〔一〕

〔一〕前書曰：「奉常，秦官。景帝更名太常。」應劭漢官儀曰：「欲令國家盛大，社稷常存，故稱太常。」老子曰：「偏將軍處左，上將軍處右。」東觀記曰：「時無印，得定武侯家丞印，佩之入朝。」

三月，光武別與諸將徇昆陽、定陵、郾，皆下之。〔一〕多得牛馬財物，穀數十萬斛，轉以饋宛下。莽聞阜、賜死，漢帝立，大懼，遣大司徒王尋、大司空王邑〔二〕將兵百萬，其甲士四十二萬人，五月，到潁川，復與嚴尤、陳茂合。〔三〕初，光武爲舂陵侯家訟逋租於尤，尤見而奇之。〔四〕及是時，城中出降尤者言光武不取財物，但會兵計策。尤笑曰：「是美須眉者邪？何爲乃如是！」

〔一〕徇，略也。昆陽、定陵、郾，皆縣名，並屬潁川郡。昆陽故城在今許州葉縣北。郾，今豫州郾城縣也。定陵故城在今郾城西北。郾音於建反。

〔二〕王莽時哀章所獻金匱圖有王尋姓名。王邑，王商子，於莽爲從父兄弟也。

〔三〕潁川，郡，今洛州陽翟縣也。

〔四〕逋，違也。舂陵侯敞即光武季父也。東觀記曰：「爲季父故舂陵侯詣大司馬府，訟地皇元年十二月壬寅前租二萬六千斛，芻槀錢若干萬。時宛人朱福亦爲舅訟租於尤，尤止車獨與上語，不視福。上歸，戲福曰：『嚴公寧視卿邪？』」

初，王莽徵天下能爲兵法者六十三家數百人，並以爲軍吏；選練武衞，招募猛士，〔一〕旌旗輜重，千里不絕。〔二〕時有長人巨無霸，〔三〕長一丈，大十圍，以爲壘尉；〔四〕又驅諸猛獸〔五〕虎豹犀象之屬，以助威武。自秦、漢出師之盛，未嘗有也。光武將數千兵，徼之於陽關。〔六〕諸將見尋、邑兵盛，反走，馳入昆陽，皆惶怖，憂念妻孥，〔七〕欲散歸諸城。光武議曰：「今兵穀既少，而外寇彊大，并力禦之，功庶可立；如欲分散，埶無俱全。且宛城未拔，〔八〕不能相救，昆陽卽破，一日之閒，諸部亦滅矣。今不同心膽共舉功名，反欲守妻子財物邪？」諸將怒曰：「劉將軍何敢如是！」光武笑而起。會候騎還，言大兵且至城北，軍陳數百里，不見其後。諸將遽相謂曰：「更請劉將軍計之。」光武復爲圖畫成敗。諸將憂迫，皆曰「諾」。時城中唯有八九千人，光武乃使成國上公王鳳、廷尉大將軍王常留守，夜自與驃騎大將軍宗佻、〔九〕五威將軍李軼等十三騎，〔一〇〕出城南門，於外收兵。時莽軍到城下者且十萬，光武幾不得出。〔一一〕既至郾、定陵，悉發諸營兵，而諸將貪惜財貨，欲分留守之。光武曰：「今若破敵，珍珤萬倍，〔一二〕大功可成；如爲所敗，首領無餘，何財物之有！」衆乃從。

〔一〕說文曰：「募，廣求之也。」

〔二〕周禮曰：「析羽爲旌，熊虎爲旗。」輜，車名。釋名曰：「輜，廁也。謂軍糧什物雜廁載之。以其累重，故稱輜重。」重音直用反。

〔三〕王莽連率韓博上言：「有奇士，長一丈，大十圍，自謂巨無霸，出於蓬萊東南，五城西北，（詔）〔昭〕如海濱，軺車不能載，三馬不能勝，臥則枕鼓，以鐵箸食。」見前書。

〔四〕鄭玄注周禮云：「軍壁曰壘。」崔瑗中壘校尉箴曰：「堂堂黃帝，設爲壘壁。」尉者主壘壁之事。

〔五〕「猛」或作「獷」。獷，猛皃也，音古猛反。

〔六〕聚名也。酈元水經注曰：「潁水東南經陽關聚，聚夾潁水相對。」在今洛州陽翟縣西北。
〔七〕孥，子也。
〔八〕謂伯升圍之未拔也。
〔九〕驃騎大將軍，武帝置，自霍去病始。佻音太堯反。
〔一〇〕王莽置五威將軍，其衣服依五方之色，以威天下。李軼初起，猶假以爲號。
〔一一〕幾音祈。
〔一二〕瑤，古「寶」字。

嚴尤說王邑曰：「昆陽城小而堅，今假號者在宛，亟進大兵，〔一〕彼必奔走；宛敗，昆陽自服。」邑曰：「吾昔以虎牙將軍圍翟義，坐不生得，以見責讓。〔二〕今將百萬之衆，遇城而不能下，何謂邪？」〔三〕遂圍之數十重，列營百數，雲車十餘丈，〔四〕瞰臨城中，〔五〕旗幟蔽野，〔六〕埃塵連天，鉦鼓之聲聞數百里。〔七〕或爲地道，衝輣橦城。〔八〕積弩亂發，矢下如雨，城中負戶而汲。王鳳等乞降，不許。尋、邑自以爲功在漏刻，意氣甚逸。夜有流星墜營中，晝有雲如壞山，當營而隕，不及地尺而散，吏士皆厭伏。〔九〕

〔一〕亟，急也，音紀力反。
〔二〕翟義字文仲，方進少子，爲東郡太守。王莽居攝，義心惡之，乃立東平王雲子信爲天子，義自號柱天大將軍，以誅莽。莽乃使孫建、王邑等將兵擊義，破之。義亡，自殺，故坐不生得。坐音才臥反。見前書。

〔三〕「遇」或爲「過」。
〔四〕雲車即樓車，稱雲，言其高也，升之以望敵，猶墨子云「公輸般爲雲梯之械」。
〔五〕俯視曰瞰，音苦暫反。
〔六〕廣雅曰：「幟，幡也，音熾。」
〔七〕說文曰：「鉦，鐃也，似鈴。」
〔八〕衝，橦車也。詩曰：「臨衝閑閑。」許慎曰：「輣，樓車也。」輣音步耕反。
〔九〕續漢志曰：「雲如壞山，謂營頭之星也。占曰：『營頭之所墜，其下覆軍殺將，血流千里。』」厭音一葉反。

六月己卯，光武遂與營部俱進，自將步騎千餘，前去大軍四五里而陳。尋、邑亦遣兵數千合戰。光武奔之，斬首數十級。〔一〕諸部喜曰：「劉將軍平生見小敵怯，今見大敵勇，甚可怪也，且復居前。請助將軍！」光武復進，尋、邑兵却，諸部共乘之，斬首數百千級。連勝，遂前。時伯升拔宛已三日，而光武尚未知，乃僞使持書報城中，云「宛下兵到」，而陽墯其書。尋、邑得之，不憙。〔二〕諸將既經累捷，膽氣益壯，無不一當百。光武乃與敢死者三千人，從城西水上衝其中堅，〔三〕尋、邑陳亂，乘銳崩之，遂殺王尋。城中亦鼓譟而出，中外合埶，震呼動天地，莽兵大潰，走者相騰踐，奔殪百餘里閒。〔四〕會大雷風，屋瓦皆飛，雨下如注，滍川盛溢，〔五〕虎豹皆股戰，士卒爭赴，溺死者以萬數，水爲不流。〔六〕王邑、嚴尤、陳茂輕騎乘死人度水逃去。盡獲其軍實輜重，車甲珍寶，不可勝筭，舉之連月不盡，或燔燒其餘。

〔一〕秦法，斬首一，賜爵一級，故因謂斬首爲級。

〔二〕憙音許記反。

〔三〕敢死謂果敢而死者。　凡軍事，中軍將最尊，居中以堅銳自輔，故曰中堅也。

〔四〕殪，仆也，音於計反。　或作「壹」。

〔五〕水經曰，滍水出南陽魯陽縣西堯山，東南經昆陽城北，東入汝。　滍音直理反。

〔六〕數過於萬，故以萬爲數。

光武因復徇下潁陽。〔一〕會伯升爲更始所害，光武自父城馳詣宛謝。〔二〕司徒官屬迎弔光武，光武難交私語，深引過而已。未嘗自伐昆陽之功，又不敢爲伯升服喪，飲食言笑如平常。更始以是慙，拜光武爲破虜大將軍，封武信侯。

〔一〕縣名，屬潁川郡，故城在今許州。

〔二〕父城，縣，古應國也，屬潁川郡，故城在今許州葉縣東北。　以伯升見害，心不自安，故謝。

九月庚戌，三輔豪桀共誅王莽，傳首詣宛。〔一〕

〔一〕三輔謂京兆、左馮翊、右扶風，共在長安中，分領諸縣。　淮南子曰：「智過百人謂之豪。」　白虎通云：「賢萬人曰傑。」　時城中少年子弟張魚等攻莽於漸臺，商人杜吳殺莽，校尉公賓就斬莽首，將軍申屠建等傳莽首詣宛。

更始將北都洛陽，以光武行司隸校尉，使前整修宮府。〔一〕於是置僚屬，作文移，〔二〕從事司察，一如舊章。〔三〕時三輔吏士東迎更始，見諸將過，皆冠幘，〔四〕而服婦人衣，諸于繡镼，〔五〕莫不笑之，或有畏而走者。〔六〕及見司隸僚屬，皆歡喜不自勝。老吏或垂涕曰：「不圖今日復見漢官威儀！」由是識者皆屬心焉。

〔一〕前書曰，司隸校尉本周官，武帝初置，持節，從中都官徒千二百人，督大姦猾。後罷其兵，察三輔、三河、弘農。秩(比)二千石。音義云：「以掌徒隸而巡察，故曰司隸。」

〔二〕東觀記曰「文書移與屬縣」也。

〔三〕續漢書曰：「司隸置從事史十二人，秩皆百石，主督促文書，察舉非法。」

〔四〕漢官儀曰：「幘者，古之卑賤不冠者之所服也。」方言曰：「覆髻謂之幘，或謂之承露。」

〔五〕前書音義曰：「諸于，大掖衣也，如婦人之袿衣。」字書無「镼」字，續漢書作「𧝓」，(並)音其物反。揚雄方言曰：「襜褕，其短者，自關之西謂之裗𧝓。」郭璞注云：「俗名𧝓掖。」據此，即是諸于上加繡𧝓，如今之半臂也。或「繡」下有「擁」字。

〔六〕續漢志曰：「時知者見之，以爲服之不中，身之災也，乃奔入邊郡避之。是服妖也。其後更始遂爲赤眉所殺。」

及更始至洛陽，乃遣光武以破虜將軍行大司馬事。十月，持節北度河，〔一〕鎮慰州郡。所到部縣，輒見二千石、長吏、三老、官屬，下至佐史，〔二〕考察黜陟，如州牧行部事。〔三〕輒平遣囚徒，除王莽苛政，〔四〕復漢官名。吏人喜悅，爭持牛酒迎勞。

〔一〕漢官儀曰：「太尉，秦官也，武帝更名大司馬。」節，所以爲信也，以竹爲之，柄長八尺，以旄牛尾爲其眊三重。馮衍與田邑書曰：「今以一節之任，建三軍之威，豈特寵其八尺之竹，犛牛之尾哉！」續漢志曰：「更始時，南方有童謠云：『諧不諧，在赤眉；得不得，在河北。』後更始爲赤眉所殺，是不諧也；光武由河北而興，是得之也。」

〔二〕二千石謂郡守也。長吏謂縣令長及丞尉也。三老者，鄉官也，高祖置。前書曰：「舉人年五十已上，有修行能帥衆者，置以爲三老，每鄉一人；擇鄉三老爲縣三老，與令長丞尉以事相敎，復其傜戍。」續漢志曰「每刺史皆有從事史、假佐，每縣各置諸（事）曹〔掾〕史」也。

〔三〕漢初遣丞相史分刺州，武帝改置刺史，察州，秩六百石。成帝更名牧，秩二千石。漢官典儀曰「刺史行郡國，省察政敎，黜陟能不，斷理冤獄」也。

〔四〕說文曰：「苛，小草也。」言政令繁細。禮記曰：「苛政猛於虎。」

進至邯鄲，〔一〕故趙繆王子林〔二〕說光武曰：「赤眉今在河東，但決水灌之，百萬之衆可使爲魚。」〔三〕光武不荅，去之眞定。〔四〕林於是乃詐以卜者王郎爲成帝子子輿，〔五〕十二月，立郎爲天子，都邯鄲，遂遣使者降下郡國。

〔一〕縣名，屬趙國，今洺州縣也。前書音義：「邯，山名；鄲，盡也。邯山至此而盡。城郭字皆從邑，因以名焉。」

〔二〕繆王，景帝七代孫，名元。前書曰，元坐殺人，爲大鴻臚所奏。謚曰繆，音謬。東觀記（曰）「林」作「臨」字。

〔三〕赤眉賊帥樊崇等恐其衆與王莽兵亂，皆朱其眉以相別，故曰赤眉。續漢書曰：「是時上平河北，過邯鄲，林進見，言赤眉可破。上問其故，對曰：『河水從列人北流；如決河水灌之，皆可令爲魚。』上不然之。」列人，縣，故城在今洺州肥鄉縣東北。

〔四〕縣名，屬眞定國，今恆州縣也。

〔五〕前書曰，立國將軍孫建奏云「不知何一男子遮臣車前，自稱漢氏劉子輿，成帝下妻子也，劉氏當復」。故郎因而稱之。

二年正月，光武以王郎新盛，乃北徇薊。〔一〕王郎移檄購光武十萬戶，〔二〕而故廣陽王子劉接〔三〕起兵薊中以應郎，城內擾亂，轉相驚恐，言邯鄲使者方到，二千石以下皆出迎。於是光武趣駕南轅，〔四〕晨夜不敢入城邑，舍食道傍。至饒陽，〔五〕官屬皆乏食。光武乃自稱邯鄲使者，入傳舍。〔六〕傳吏方進食，從者飢，爭奪之。傳吏疑其僞，乃椎鼓數十通，〔七〕紿言邯鄲將軍至，〔八〕官屬皆失色。光武升車欲馳，既而懼不免，徐還坐，曰：「請邯鄲將軍入。」久乃駕去。傳中人遙語門者閉之。門長曰：「天下詎可知，而閉長者乎？」遂得南出。晨夜兼行，蒙犯霜雪，〔九〕天時寒，面皆破裂。至呼沱河，〔一〇〕無船，適遇冰合，得過，〔一一〕未畢數車而陷。進至下博城西，〔一二〕遑惑不知所之。有白衣老父在道旁，〔一三〕指曰：「努力！信都郡爲長安守，去此八十里。」〔一四〕光武卽馳赴之，信都太守任光開門出迎。世祖因發旁縣，得四千人，先擊堂陽、貰縣，皆降之。〔一五〕王莽和〔戎〕〔成〕卒正邳彤亦舉郡降。〔一六〕又昌城人劉植，宋子人耿純，〔一七〕各率宗親子弟，據其縣邑，以奉光武。於是北降下曲陽，〔一八〕衆稍合，樂附者至有數萬人。

〔一〕縣名，屬涿郡，今幽州縣也。本字從「契」從「邑」，見說文。

〔二〕說文曰：「檄，以木簡為書，長尺二寸。謂之檄，以徵召也。」又曰：「以財有所求曰購。」魏武奏事曰：「若有急，即插以雞羽，謂之羽檄。」

〔三〕廣陽王名嘉，武帝五代孫。

〔四〕趣，急也，讀曰促。

〔五〕縣名，屬安平國，在饒河之陽，故城在今瀛州饒陽縣東北。

〔六〕客館也。傳音知戀反，下同。

〔七〕椎音直追反。

〔八〕紿，言欺誑也，音殆。

〔九〕蒙，冒也。

〔一〇〕山海經云：「太戲之山，滹沱之水出焉。」在今代州繁時縣東，流經定州深澤縣東南，即光武所度處，今俗猶謂之危度口。臣賢案：呼沱河舊在饒陽南，至魏太祖曹操因饒河故瀆決，令北注新溝水，所以今在饒陽縣北。

〔一一〕續漢書曰：「時冰滑馬僵，乃各以囊盛沙，布冰上度焉。」

〔一二〕下博，縣，屬信都國。在博水之下，故曰下博。故城在今冀州下博縣南。

〔一三〕老父蓋神人也，今下博縣西猶有祠堂。

〔一四〕信都郡，今冀州也。

〔一五〕堂陽及貰並屬鉅鹿郡。堂陽在堂水之陽，今冀州縣，故城在今冀州鹿城縣西南。貰音時夜反。

〔一六〕東觀記曰：「王莽分鉅鹿爲和(戎)〔成〕郡。」卒正，職如太守。

〔一七〕昌城，縣，屬信都國，故城在今冀州西北。宋子，縣，屬鉅鹿郡，故城在今趙州平棘縣北。

〔一八〕縣名，屬鉅鹿郡。常山郡有上曲陽，故此言下。

復北擊中山，〔一〕拔盧奴。〔二〕所過發奔命兵，〔三〕移檄邊部，共擊邯鄲，郡縣還復響應。南擊新市、眞定、元氏、防子，皆下之，〔四〕因入趙界。

〔一〕中山，國，一名中人亭，故城在今定州唐縣東北。張曜中山記曰：「城中有山，故曰中山。」

〔二〕縣名，屬中山國，故城在今定州安喜縣。水經注曰：「縣有黑水故池，水黑曰盧，不流曰奴，因以爲名。」

〔三〕前書音義曰：「舊時郡國皆有材官、騎士，若有急難，權取驍勇者聞命奔赴，故謂之『奔命』。」

〔四〕新市，縣，屬鉅鹿郡，故城在今恆州東北。元氏、房子，屬常山郡，並今趙州縣也。防與房古字通用。

時王郎大將李育屯柏人，〔一〕漢兵不知而進，前部偏將朱浮、鄧禹爲育所破，亡失輜重。光武在後聞之，收浮、禹散卒，與育戰於郭門，大破之，盡得其所獲。育還保城，攻之不下，於是引兵拔廣阿。〔二〕會上谷太守耿況、漁陽太守彭寵〔三〕各遣其將吳漢、寇恂等將突騎來助擊王郎，〔四〕更始亦遣尚書僕射謝躬討郎，〔五〕光武因大饗士卒，遂東圍鉅鹿。王郎守將王饒堅守，月餘不下。郎遣將倪宏、劉奉〔六〕率數萬人救鉅鹿，光武逆戰於南䜌，〔七〕斬首數千級。四月，進圍邯鄲，連戰破之。五月甲辰，拔其城，誅王郎。收文書，得吏人與郎交

關謗毀者數千章。光武不省，會諸將軍燒之，曰：「令反側子自安。」〔八〕

〔一〕縣名，屬趙國，今邢州縣，故城在縣之西北。

〔二〕縣名，屬鉅鹿郡，故城在今趙州象城縣西北。

〔三〕上谷，郡，故城在今嬀州懷戎縣。漁陽，郡，在漁水之陽，今幽州縣。

〔四〕突騎，言能衝突軍陣。

〔五〕漢官儀曰：「尚書四員，武帝置，成帝加一爲五。有〔常〕侍曹尚書，主丞相御史事；二千石尚書，主刺史、二千石事；戶曹尚書，主人庶上書事；主客尚書，主外國四夷事；成帝加三公尚書，主斷獄事。僕射，秦官也。僕，主也。古者重武事，每官必有主射以督課之。」謝躬爲尚書僕射。

〔六〕倪音五兮反。

〔七〕縣名，屬鉅鹿郡，故城在今邢州柏人縣東北。左傳齊國夏伐晉取欒，即其地也。其後南徙，故加「南」。今俗謂之倫城，聲之轉也。欒音力全反。

〔八〕反側，不安也。詩國風曰：「展轉反側。」

更始遣侍御史持節立光武爲蕭王，〔一〕悉令罷兵詣行在所。〔二〕光武辭以河北未平，不就徵。自是始貳於更始。〔三〕

〔一〕蕭，縣，屬沛郡，今徐州縣也。續漢書曰：「更始使侍御史黃黨封上爲蕭王。」

〔二〕蔡邕獨斷曰：「天子以四海爲家，故謂所居爲行在所。」

〔三〕貳，離異也。

是時長安政亂，四方背叛。梁王劉永擅命睢陽，〔一〕公孫述稱王巴蜀，〔二〕李憲自立爲淮南王，〔三〕秦豐自號楚黎王，〔四〕張步起琅邪，〔五〕董憲起東海，〔六〕延岑起漢中，〔七〕田戎起夷陵，〔八〕並置將帥，侵略郡縣。又別號諸賊銅馬、大彤、高湖、重連、鐵脛、大搶、尤來、上江、青犢、五校、檀鄉、五幡、五樓、富平、獲索等，〔九〕各領部曲，〔一〇〕衆合數百萬人，所在寇掠。

〔一〕縣名，屬梁郡，今宋州也。擅，專也。

〔二〕蜀有巴郡，故總言之。

〔三〕淮南，郡，今壽州也。

〔四〕習鑿齒襄陽記曰：「秦豐，黎丘鄉人。黎丘楚地，故稱楚黎王。」黎丘故城在今襄州率道縣北。

〔五〕郡〔名〕。有琅邪山，故城〔在〕今海州朐山縣東北。

〔六〕郡名，今海州縣。

〔七〕郡名，故城在今梁州南鄭縣東北。

〔八〕縣名，屬南郡。有夷山，故曰夷陵，今硤州縣也，故城在今縣西北。

〔九〕諸賊或以山川土地爲名，或以軍容彊盛爲號。銅馬賊帥東山荒禿、上淮況等，大彤渠帥樊重，尤來渠帥樊崇，五校賊帥高扈，檀鄉賊帥董次仲，五樓賊帥張文，富平賊帥徐少，獲索賊帥古師郎等，並見東觀記。

〔10〕續漢志曰：「大將軍營有五部，部三校尉。部下有曲，曲有軍候一人。」

光武將擊之，先遣吳漢北發十郡兵。幽州牧苗曾不從，漢遂斬曾而發其衆。秋，光武擊銅馬於鄡，〔一〕吳漢將突騎來會清陽。〔二〕賊數挑戰，〔三〕光武堅營自守；有出鹵掠者，輒擊取之，〔四〕絕其粮道。積月餘日，賊食盡，夜遁去，追至館陶，大破之。〔五〕受降未盡，而高湖、重連從東南來，與銅馬餘衆合，光武復與大戰於蒲陽，悉破降之，封其渠帥為列侯。〔六〕降者猶不自安，光武知其意，勑令各歸營勒兵，乃自乘輕騎按行部陳。降者更相語曰：「蕭王推赤心置人腹中，安得不投死乎！」〔七〕由是皆服。悉將降人分配諸將，衆遂數十萬，故關西號光武為「銅馬帝」。赤眉別帥與大肜、青犢十餘萬衆在射犬，〔八〕光武進擊，大破之，衆皆散走。使吳漢、岑彭襲殺謝躬於鄴。

〔一〕縣名，屬鉅鹿郡，故城在今冀州鹿城縣東。鄡音苦堯反。竹書紀年曰：「衞鞅封于鄡。」臣賢案：下文云「吳漢將突騎來會清陽」，又「追至館陶」，並與鄡相近。俗本多誤作「鄔」，而蕭該音一古反，云屬太原郡，臧（矜）〔競〕音作鄢，一建反，云屬襄陽郡，並誤也。

〔二〕縣名，屬清河郡，今貝州縣，故城在州西北。

〔三〕挺身獨戰也，古謂之致師，見左傳。挑音徒了反。

〔四〕鹵與虜同。郭璞注爾雅曰：「掠，奪取也。」

〔五〕館陶，縣，屬魏郡，今魏州縣。

〔六〕前書音義曰「蒲陽山，蒲水所出」，在今定州北平縣西北。本或作「滿陽」。渠，大也。尚書：「殲厥渠魁。」列侯即徹侯也。稱列者，言見序列也。

〔七〕投死猶言致死。

〔八〕續漢志曰野王縣有射犬聚，故城在今懷州武德縣北也。

青犢、赤眉賊入函谷關，攻更始。〔一〕光武乃遣鄧禹率六裨將引兵而西，以乘更始、赤眉之亂。時更始使大司馬朱鮪、舞陰王李軼等屯洛陽，〔二〕光武亦令馮異守孟津以拒之。〔三〕

〔一〕函谷，谷名，因谷以名關。舊在弘農湖城縣西，前書楊僕爲樓船將軍，有功，恥居關外，武帝乃爲徙於新安。故關在今洛州新安縣之東。

〔二〕舞陰，縣，屬南陽郡，故城在今唐州泚陽縣西北。

〔三〕孔安國注尚書云：「孟，地名，在洛北，都道所湊，古今以爲津。」論衡曰：「武王伐紂，八百諸侯同於此盟，故曰盟津。」俗名治戍津，今河陽縣津也。

建武元年春正月，平陵人方望〔一〕立前孺子劉嬰爲天子，〔二〕更始遣丞相李松擊斬之。

〔一〕平陵，昭帝陵也，因以爲縣，故城在今咸陽縣西北。

〔二〕平帝崩，王莽立楚孝王孫廣戚侯顯子嬰爲孺子。莽篡位，廢爲定安公。

光武北擊尤來、大槍、五幡於元氏，追至右北平，連破之。〔一〕又戰於順水北，〔二〕乘勝輕進，反爲所敗。賊追急，短兵接，〔三〕光武自投高岸，遇突騎王豐，下馬授光武，光武撫其肩而上，顧笑謂耿弇曰：「幾爲虜嗤。」弇頻射却賊，得免。士卒死者數千人，散兵歸保范陽。〔四〕軍中不見光武，或云已歿，〔五〕諸將不知所爲。吳漢曰：「卿曹努力！〔六〕王兄子在南陽，何憂無主？」〔七〕衆恐懼，數日乃定。賊雖戰勝，而素懾大威，〔八〕客主不相知，夜遂引去。大軍復進至安次，〔九〕與戰，破之，斬首三千餘級。賊入漁陽，乃遣吳漢率耿弇、陳俊、馬武等十二將軍追戰于潞東，〔一〇〕及平谷，大破滅之。〔一一〕

〔一〕北平，縣，屬中山國，今易州永樂縣也。臣賢案：東觀記、續漢書並無「右」字，此加「右」，誤也。營州西南別有右北平郡故城，非此地。

〔二〕酈元水經注云：「徐水經北平縣故城北，光武追銅馬、五幡，破之於順水，即徐水之別名也。」在今易州。本或作「慎」者，誤也。

〔三〕短兵謂刀劍也。楚辭曰：「車錯轂兮短兵接。」

〔四〕縣名，在范水之陽，屬涿郡，故城在今易州易縣東南。

〔五〕東觀記曰：「上已乘王豐小馬先到矣，營門不覺。」

〔六〕曹，輩也。

〔七〕兄子謂伯升子章及興也。

〔八〕懾，懼也，音之涉反。

〔九〕縣名，屬勃海郡，今幽州縣也，故城在縣東。

〔一〇〕潞，縣名，屬漁陽郡，今幽州縣也。有潞水，因以爲名。蕭該音義云：「潞屬上黨。」臣賢案：潞與漁陽相接，言上黨潞者非也。

〔一一〕平谷，縣，屬漁陽郡，故城在今潞縣北。

朱鮪遣討難將軍蘇茂攻溫，〔一〕馮異、寇恂與戰，大破之，斬其將賈彊。

〔一〕今洛州縣。

於是諸將議上尊號。馬武先進曰：「天下無主。如有聖人承敝而起，雖仲尼爲相，孫子爲將，猶恐無能有益。反水不收，後悔無及。〔一〕大王雖執謙退，柰宗廟社稷何！宜且還薊卽尊位，乃議征伐。今此誰賊而馳騖擊之乎？」〔二〕光武驚曰：「何將軍出是言？可斬也！」武曰：「諸將盡然。」光武使出曉之，〔三〕乃引軍還至薊。

〔一〕言早當卽尊位以定衆心，今執謙退，失於事機也。孫子名武，吳王闔閭將，善用兵，有兵法十三篇。反音翻。

〔二〕誰謂未有主也。前書音義曰：「直騁曰馳，亂馳曰騖。」

〔三〕使曉諭諸將。

夏四月，公孫述自稱天子。

光武從薊還，過范陽，命收葬吏士。至中山，諸將復上奏曰：「漢遭王莽，宗廟廢絕，豪傑憤怒，兆人塗炭。〔一〕王與伯升首舉義兵，更始因其資以據帝位，而不能奉承大統，敗亂綱紀，盜賊日多，羣生危蹙。〔三〕大王初征昆陽，王莽自潰；後拔邯鄲，北州弭定；參分天下而有其二，跨州據土，帶甲百萬。言武力則莫之敢抗，論文德則無所與辭。臣聞帝王不可以久曠，天命不可以謙拒，惟大王以社稷爲計，萬姓爲心。」光武又不聽。

〔二〕尚書曰：「人墜塗炭。」孔安國注云：「若陷泥墜火，無救之者。」

〔三〕蹙，迫也，音子六反。

行到南平棘，〔一〕諸將復固請之。光武曰：「寇賊未平，四面受敵，何遽欲正號位乎？諸將且出。」耿純進曰：「天下士大夫捐親戚，弃土壤，從大王於矢石之閒者，其計固望其攀龍鱗，附鳳翼，以成其所志耳。〔二〕今功業卽定，天人亦應，而大王留時逆衆，不正號位，純恐士大夫望絕計窮，則有去歸之思，無爲久自苦也。大衆一散，難可復合。時不可留，衆不可逆。」純言甚誠切，光武深感，曰：「吾將思之。」

〔一〕縣名，屬常山郡，今趙州縣，故城在縣南。

〔二〕揚雄法言曰：「攀龍鱗，附鳳翼，巽以揚之。」

行至鄗，〔一〕光武先在長安時同舍生彊華〔二〕自關中奉赤伏符，曰「劉秀發兵捕不道，四夷雲集龍鬬野，四七之際火爲主」。〔三〕羣臣因復奏曰：「受命之符，人應爲大，〔四〕萬里合信，不議同情，周之白魚，曷足比焉？〔五〕今上無天子，海內淆亂，符瑞之應，昭然著聞，宜荅

天神，以塞羣望。」光武於是命有司設壇場於鄗南千秋亭五成陌。〔六〕

〔一〕縣名，今趙州高邑縣也。鄗音火各反。

〔二〕續漢書曰：「彊華，潁川人也。」彊音其兩反。

〔三〕四七，二十八也。自高祖至光武初起，合二百二十八年，即四七之際也。漢火德，故火為主也。

〔四〕謂彊華奉赤伏符也。

〔五〕尚書中候曰「武王伐紂，度孟津，中流白魚躍入王舟，長三尺，赤文有字，告以伐紂之意」也。

〔六〕壇謂築土，場謂除地。秦法，十里一亭。南北為阡，東西為陌。其地在今趙州柏鄉縣。水經注曰，亭有石壇，壇有圭頭碑，其陰云常山相隴西狄道馮龍所造。壇〔廟〕之東，枕道有兩石翁仲，南北相對焉。

六月己未，即皇帝位。燔燎告天，〔一〕禋于六宗，〔二〕望於羣神。〔三〕其祝文曰：「皇天上帝，后土神祇，眷顧降命，屬秀黎元，為人父母，〔四〕秀不敢當。羣下百辟，不謀同辭，〔五〕咸曰：『王莽篡位，秀發憤興兵，破王尋、王邑於昆陽，誅王郎、銅馬於河北，平定天下，海內蒙恩。上當天地之心，下為元元所歸。』〔六〕讖記曰：『劉秀發兵捕不道，卯金修德為天子。』〔七〕秀猶固辭，至于再，至于三。羣下僉曰：『皇天大命，不可稽留。』敢不敬承。」於是建元為建武，大赦天下，改鄗為高邑。

〔一〕天高不可達，故燔柴以祭之，庶高煙上通也。爾雅云：「祭天曰燔柴。」燔音煩。燎音力弔反。

〔二〕精意以享謂之禋。續漢志：「平帝元始中，謂六宗為易卦六子之氣，水、火、雷、風、山、澤也。光武中興，遵而不改。至安帝即位，初改六宗爲天地四方之宗，祠於洛陽之北，戌亥之地。」

〔三〕山林川谷能興致雲雨者皆曰神。不可偏至，故望而祭之。尙書曰：「望于山川，徧于羣神。」

〔四〕屬音燭。

〔五〕詩大雅曰：「百辟卿士。」鄭玄注云：「百辟，畿內諸侯也。」

〔六〕元元謂黎庶也。元元由言喁喁，可矜怜之辭也。

〔七〕卯金，劉字也。春秋演孔圖曰：「卯金刀，名爲〔劉〕，赤帝後，次代周。」

是月，赤眉立劉盆子爲天子。

甲子，前將軍鄧禹擊更始定國公王匡於安邑，大破之，〔一〕斬其將劉均。

〔一〕安邑，縣，屬河東郡，今蒲州縣也。

秋七月辛未，拜前將軍鄧禹爲大司徒。丁丑，以野王令王梁爲大司空。〔一〕壬午，以大將軍吳漢爲大司馬，偏將軍景丹爲驃騎大將軍，大將軍耿弇爲建威大將軍，偏將軍蓋延爲虎牙大將軍，偏將軍朱祐爲建義大將軍，中堅將軍杜茂爲大將軍。

〔一〕野王，縣，屬河內郡，故城在今懷州。時據赤伏符文，故從縣宰而超拜之，事具梁傳。

時宗室劉茂自號「厭新將軍」，〔一〕率衆降，封爲中山王。

〔一〕王莽號新室，言欲厭勝之。

己亥，幸懷。〔一〕遣耿弇率彊弩將軍陳俊軍五社津，〔二〕備滎陽以東。使吳漢率朱祐及廷尉岑彭、〔三〕執金吾賈復、〔四〕揚化將軍堅鐔等十一將軍〔五〕圍朱鮪於洛陽。

〔一〕縣名，屬河內郡，故城在今懷州武陟縣西。天子所行必有恩幸，故稱幸。

〔二〕水經注曰：「鞏縣北有五社津，一名土社津。有山臨河，其下有穴，潛通淮浦。有渚，謂之鮪渚。」呂覽云「武王伐紂至鮪水」，即此地。

〔三〕前書「廷尉，秦官」也。聽獄必質於朝廷，與衆共之。尉，平也，故稱廷尉。

〔四〕前書曰：「中尉，秦官，武帝改爲執金吾。」吾，禦也，掌執兵革以禦非常。

〔五〕鐔音徒南反。

八月壬子，祭社稷。癸丑，祠高祖、太宗、世宗於懷宮。進幸河陽。更始廩丘王田立降。〔一〕

〔一〕廩丘，縣，屬東郡，〔故〕城在今濮州雷澤縣北也。

九月，赤眉入長安，更始奔高陵。辛未，詔曰：〔一〕「更始破敗，棄城逃走，妻子裸袒，流宂道路。〔二〕朕甚愍之。今封更始爲淮陽王。〔三〕吏人敢有賊害者，罪同大逆。」

〔一〕漢制度曰：「帝之下書有四：一曰策書，二曰制書，三曰詔書，四曰誡敕。策書者，編簡也，其制長二尺，短者半之，篆書，起年月日，稱皇帝，以命諸侯王。三公以罪免亦賜策，而以隸書，用尺一木，兩行，唯此爲異也。制書者，帝者制度之命，其文曰制詔三公，皆璽封，尚書令印重封，露布州郡也。詔書者，詔，告也，其文曰告某官云〔云〕，如故事。誡敕者，謂敕刺史、太守，其文曰有詔敕某官。它皆倣此。」

〔二〕宂音人勇反。宂，散也。

〔三〕淮陽，郡，故城在今陳州宛丘縣西南。

甲申，以前(高)密令卓茂爲太傅。〔一〕

〔一〕高密，縣，屬高密國，今密州縣，故城在今縣之西南。卓以平帝時爲密令，故曰「前」。

辛卯，朱鮪舉城降。

冬十月癸丑，車駕入洛陽，幸南宮却非殿，遂定都焉。〔一〕

〔一〕蔡質漢典職儀曰：「南宮至北宮，中央作大屋，複道，三道行，天子從中道，從官夾左右，十步一衞。兩宮相去七里。」又洛陽宮閣名有却非殿。臣賢案：俗本或作「御北殿」者，誤。

遣岑彭擊荆州羣賊。

十一月甲午，幸懷。

劉永自稱天子。

十二月丙戌，至自懷。

赤眉殺更始，而隗囂據隴右，盧芳起安定。〔一〕破虜大將軍叔壽擊五校賊於曲梁，戰歿。〔二〕

〔一〕郡名，今涇州縣。

〔二〕曲梁屬廣平國，今洺州縣也。

二年春正月甲子朔，日有食之。〔一〕大司馬吳漢率九將軍擊檀鄉賊於鄴東，大破降之。庚辰，封功臣皆爲列侯，大國四縣，餘各有差。下詔曰：「人情得足，苦於放縱，快須臾之欲，忘愼罰之義。〔二〕惟諸將業遠功大，誠欲傳於無窮，宜如臨深淵，如履薄冰，戰戰慄慄，日愼一日。〔三〕其顯效未詶，名籍未立者，大鴻臚趣上，〔四〕朕將差而錄之。」博士丁恭議曰：「古帝王封諸侯不過百里，〔五〕故利以建侯，取法於雷，〔六〕強榦弱枝，所以爲治也。今封諸侯四縣，不合法制。」帝曰：「古之亡國，皆以無道，未嘗聞功臣地多而滅亡者。」乃遣謁者即授印綬，〔七〕策曰：「在上不驕，高而不危；制節謹度，滿而不溢。敬之戒之。傳爾子孫，長爲漢藩。」〔八〕

〔一〕續漢志曰：「在危八度。虛、危，齊地。賊張步擁兵據齊，至五年乃破。」

〔二〕尚書曰：「罔不明德愼罰，亦克用勸。」孔安國注云「愼刑罰，亦能用勸善」也。

〔三〕太公金匱曰：「黃帝居人上，惴惴若臨深淵；舜居人上，矜矜如履薄冰；禹居人上，慄慄如不滿日。敬勝怠則吉，義勝欲則昌，日愼一日，壽終無殃。」

〔四〕續漢志曰：「大鴻臚，卿一人，中二千石，掌諸王入朝及拜諸侯封者。」趣音促。

〔五〕史記太史公曰：「武王、成、康所封數百，而同姓五十，地不過百里。」

〔六〕易屯卦震下坎上，震爲雷，初九曰「利建侯」，又曰「震驚百里」，故封諸侯地方百里，以法雷也。

〔七〕前書曰：「謁者，秦官，掌賓讚受事，員七十人，秩比六百石。」中興但三十人。蔡質〔漢〕典職儀曰：「皆選儀容端正，任奉使者。」前書曰：「諸侯王，金璽盭綬。列侯，金印紫綬。」盭音戾，草名也。似艾，可染綠，因以名綬也。

〔八〕藩，屏也。言建諸侯所以爲國之藩蔽也。詩大雅曰：「四國于藩。」

壬午，更始復漢將軍鄧曄、輔漢將軍于匡降，皆復爵位。

壬子，起高廟，建社稷於洛陽，立郊兆于城南，始正火德，色尚赤。〔一〕

〔一〕漢禮制度曰：「人君之居，前有朝，後有寢。終則制廟以象朝，後制寢以象寢。光武都洛陽，乃合高祖以下至平帝爲一廟，藏十一帝主於其中。元帝次當第八，光武第九，故立元帝爲祖廟，後遵而不改。」續漢志曰：「立社稷於洛陽，在宗廟之右，皆方壇，四面及中各依方色，無屋，有牆門而已。」白虎通曰：「天子之壇方五丈，諸侯之壇半天子之壇。社者，土也，人非土不立，非穀不食，故封土立社，示有土也。稷者，五穀之長，得陰陽中和之氣，故祭之也。」續漢書曰：「制郊兆於洛陽城南七里，爲壇，八陛，中又爲重壇，天地位皆在壇上。其外壇上爲五帝位，青帝位在甲寅，赤帝位在丙巳，黃帝位在丁未，白帝位在庚申，黑帝位在壬亥。其外爲壝，重營皆紫，以象紫宮。營有通道以爲門，日月在營內南道，日在東，月在西。北斗在北道之西。外營、中營凡千五百一十四神，高皇帝配食焉。北郊在洛陽城北四里，方壇，四陛。地祇位南面，西上；高皇后配，西面，皆在壇上；地理羣后從食，皆在壇下；中岳在未；四岳各依其方，淮、海俱在東，河在西，濟在北，江在南，餘山川各如其方。」漢初土德，色尚黃，至此始明火德，徽幟尚赤，服色於是乃正。

是月，赤眉焚西京宮室，發掘園陵，〔一〕寇掠關中。大司徒鄧禹入長安，遣府掾奉十一帝神主，納於高廟。〔二〕

〔一〕園謂塋域，陵謂山墳。

〔二〕漢官儀曰：「司徒府掾屬三十一人，秩千石。」十一帝謂高祖至平帝。神主，以木爲之，方尺二寸，穿中央，達四方。天子主長尺二寸，諸侯主長一尺。虞主用桑。練主用栗。衞宏舊漢儀曰：「已葬，收主，爲木函，藏廟太室中西壁坎中，去地六尺一寸，祭則立主於坎下。」

眞定王楊、臨邑侯讓謀反，〔一〕遣前將軍耿純誅之。

〔一〕楊，景帝七代孫。讓即楊弟。

二月己酉，幸修武。〔一〕

〔一〕縣名，屬河內郡，本殷之甯邑。韓詩外傳曰：「武王伐紂，勒兵於甯，改曰修武。」今懷州縣也。

大司空王梁免。壬子，以太中大夫宋弘爲大司空。

遣驃騎大將軍景丹率征虜將軍祭遵等二將軍擊弘農賊，破之，因遣祭遵圍蠻中賊張滿。〔一〕

〔一〕蠻中，聚名，故戎蠻子國，在今汝州西南，俗謂之麻城。

漁陽太守彭寵反，攻幽州牧朱浮於薊。

延岑自稱武安王於漢中。

辛卯，至自修武。

三月乙未，大赦天下，詔曰：「頃獄多冤人，用刑深刻，朕甚愍之。孔子云：『刑罰不中，則民無所措手足。』〔一〕其與中二千石、諸大夫、博士、議郎議省刑法。」

〔一〕論語之文。

遣執金吾賈復率二將軍擊更始郾王尹遵，破降之。〔一〕

〔一〕「遵」或作「尊」。

驍騎將軍劉植擊密賊，戰歿。〔一〕

〔一〕密，縣，屬河南郡，今洛州縣。

遣虎牙大將軍蓋延率四將軍伐劉永。夏四月，圍永於睢陽。更始將蘇茂殺淮陽太守潘蹇而附劉永。

甲午，封叔父良爲廣陽王，兄子章爲太原王，章弟興爲魯王，舂陵侯嫡子祉爲城陽王。〔一〕

〔一〕城陽，國，故城在今沂州臨沂縣南。

五月庚辰，封更始元氏王歙爲泗水王，〔一〕故眞定王楊子得爲眞定王，周後姬常爲周承休公。〔二〕

〔一〕泗水，國，今兗州縣也。

〔二〕武帝封周後姬嘉爲周子南君，成帝封姬延爲周承休公，常即延之後。承休所封，故城在今汝州東北。

癸未，詔曰：「民有嫁妻賣子欲歸父母者，恣聽之。敢拘執，論如律。」

六月戊戌，立貴人郭氏爲皇后，子彊爲皇太子，大赦天下。增郎、謁者、從官秩各一等。〔一〕丙午，封宗子劉終爲淄川王。〔二〕

〔一〕前書曰：「郎官掌守門戶，出充車騎。有議郎、中郎、侍郎、郎中，秩六百石已下。」

〔二〕淄川，國，今淄州縣。

秋八月，帝自將征五校。丙辰，幸內黃，〔一〕大破五校於羛陽，降之。〔二〕

〔一〕縣名，屬魏郡，今相州縣。

〔二〕羛陽，聚名，屬魏郡，故城在今相州堯城縣東。諸本有作「茀」者，誤也。左傳云：「晉荀盈如齊逆女，還，卒於戲陽。」杜預注云：「內黃縣北有戲陽城。」戲與羛同，音許宜反。

遣游擊將軍鄧隆救朱浮，與彭寵戰於潞，隆軍敗績。

蓋延拔睢陽，劉永奔譙。〔一〕

〔一〕今亳州縣。

破虜將軍鄧奉據淯陽反。

九月壬戌，至自內黃。

驃騎大將軍景丹薨。

延岑大破赤眉於杜陵。〔一〕

〔一〕縣名，屬京兆，周之杜伯國，在今萬年縣東南。

關中饑，民相食。

冬十一月，以廷尉岑彭爲征南大將軍，率八將軍討鄧奉於堵鄉。〔一〕

〔一〕水經注曰：「堵水南經小堵鄉。」在今唐州方城縣。堵音者。

銅馬、青犢、尤來餘賊共立孫登爲天子於上郡。〔一〕登將樂玄殺登，以其衆五萬餘人降。

〔一〕春秋保乾圖曰：「賊臣起，名孫登，巧用法，多拔方。」蓋立以應之。上郡故城在今涇州上縣東南。

遣偏將軍馮異代鄧禹伐赤眉。

使太中大夫伏隆持節安輯青徐二州，招張步降之。〔一〕

〔一〕爾雅曰：「輯，和也。」音集。

十二月戊午，詔曰：「惟宗室列侯爲王莽所廢，先靈無所依歸，朕甚愍之。其並復故國。若侯身已歿，屬所上其子孫見名尚書，封拜。」〔一〕

〔一〕屬所謂侯子孫所屬之郡縣也。錄其見名上於尚書，封拜之。

是歲，蓋延等大破劉永於沛西。〔一〕初，王莽末，天下旱蝗，黃金一斤易粟一斛；至是野穀旅生，〔二〕麻尗尤盛，野蠶成繭，被於山阜，人收其利焉。

〔一〕沛，今徐州縣也。

〔二〕旅，寄也。不因播種而生，故曰旅。今字書作「穭」，音呂，古字通。

三年春正月甲子，以偏將軍馮異爲征西大將軍，杜茂爲驃騎大將軍。大司徒鄧禹及馮異與赤眉戰於回溪，〔一〕禹、異敗績。

〔一〕溪名也，俗名回坑，在今洛州永寧縣東。

征虜將軍祭遵破蠻中，斬張滿。

辛巳，立皇考南頓君已上四廟。

壬午，大赦天下。

閏月乙巳，大司徒鄧禹免。

馮異與赤眉戰於崤底，大破之，〔一〕餘衆南向宜陽，〔二〕帝自將征之。己亥，幸宜陽。甲辰，親勒六軍，大陳戎馬，大司馬吳漢精卒當前，中軍次之，驍騎、武衞分陳左右。赤眉望見震怖，遣使乞降。丙午，赤眉君臣面縛，〔三〕奉高皇帝璽綬，〔四〕詔以屬城門校尉。〔五〕戊申，至自宜陽。己酉，詔曰：「羣盜縱橫，賊害元元，盆子竊尊號，亂惑天下。朕奮兵討擊，應時崩解，十餘萬衆束手降服，先帝璽綬歸之王府。斯皆祖宗之靈，士人之力，朕曷足以享斯哉！〔六〕其擇吉日祠高廟，賜天下長子當爲父後者爵，人一級。」

〔一〕嶠，山名；底，阪也。一名嶔岑山，在今洛州永寧縣西北。

〔二〕縣名，屬弘農郡，韓國都也，故城在今洛州福昌縣東韓城是也。

〔三〕面，偝也。謂反偝而縛之。

〔四〕蔡邕獨斷曰：「皇帝六璽，皆玉螭虎紐，文曰『皇帝行璽』、『皇帝之璽』、『皇帝信璽』、『天子行璽』、『天子之璽』、『天子信璽』，皆以武都紫泥封之。」玉璽譜曰：「傳國璽是秦始皇初定天下所刻，其玉出藍田山，丞相李斯所書，其文曰『受命于天，既壽永昌』。高祖至霸上，秦王子嬰獻之。至王莽篡位，就元后求璽，不與，以威逼之，乃出璽投地，璽上螭一角缺。及莽敗，李松持璽詣宛上更始；更始敗，璽入赤眉；劉盆子既敗，以奉光武。」

〔五〕前書曰「城門校尉，掌京師城門屯兵，秩比二千石」也。

〔六〕享，當也。

二月己未，祠高廟，受傳國璽。

劉永立董憲爲海西王，〔一〕張步爲齊王。步殺光祿大夫伏隆而反。

〔一〕海西，縣，屬琅邪郡。

幸懷。遣吳漢率二將軍擊青犢於軹西，大破降之。〔一〕

〔一〕軹，縣，屬河內郡，故城在今洛州濟源縣東南。

三月壬寅，以大司徒司直伏湛爲大司徒。〔一〕

〔一〕續漢志曰：「光武即位，依武帝故事置司徒司直，建武十一年省。」

彭寵陷薊城，寵自立爲燕王。

帝自將征鄧奉，幸堵陽。夏四月，大破鄧奉於小長安，斬之。

馮異與延岑戰於上林，破之。〔一〕

〔一〕關中上林苑也。

吳漢率七將軍與劉永將蘇茂戰於廣樂，大破之。〔一〕虎牙大將軍蓋延圍劉永於睢陽。

〔一〕廣樂地闕，今宋州虞城縣有長樂故城，蓋避隋煬帝諱。

五月己酉，車駕還宮。

乙卯晦，日有食之。〔一〕

〔一〕續漢志曰：「日在柳十四度。柳，河南也。時樊崇謀作亂，其七月伏誅。」

六月壬戌，大赦天下。

耿弇與延岑戰於穰，大破之。〔一〕

〔一〕穰，縣，屬南陽郡，今鄧州縣。

秋七月，征南大將軍岑彭率三將軍伐秦豐，戰於黎丘，大破之，獲其將蔡宏。

庚辰，詔曰：「吏不滿六百石，下至墨綬長、相，有罪先請。〔一〕男子八十以上，十歲以下，及婦人從坐者，自非不道、詔所名捕，皆不得繫。〔二〕當驗問者即就驗。女徒雇山歸家。」〔三〕

〔一〕續漢志曰：「縣大者置令一人，千石；其次置長，四百石；小者三百石。侯國之相亦如之。皆掌理人，並秦制。」

〔二〕詔書有名而特捕者。

〔三〕前書音義曰：「令甲：女子犯徒遣歸家，每月出錢雇人於山伐木，名曰雇山。」

蓋延拔睢陽，獲劉永，而蘇茂、周建立永子紆爲梁王。

冬十月壬申，幸舂陵，祠園廟，因置酒舊宅，大會故人父老。〔一〕十一月乙未，至自舂陵。

〔一〕光武舊宅在今隨州棗陽縣東南。宅南二里有白水焉，即張衡所謂「龍飛白水」也。

涿郡太守張豐反。〔一〕

〔一〕涿郡故城在今幽州范陽縣。

是歲，李憲自稱天子。西州大將軍隗囂奉奏。〔一〕建義大將軍朱祐率祭遵與延岑戰於東陽，斬其將張成。〔二〕

〔一〕時鄧禹承制命囂爲西州大將軍，專制涼州、朔方事。

〔二〕東陽，聚名也，故城在今鄧州南。臨淮郡復有東陽縣，非此地也。

四年春正月甲申，大赦天下。

二月壬子，幸懷。壬申，至自懷。

遣右將軍鄧禹率二將軍與延岑戰於武當，破之。〔一〕

〔一〕武當，縣，屬南陽郡，有武當山，今均州縣也。

夏四月丁巳，幸鄴。己巳，進幸臨平。〔一〕

〔一〕縣名，屬鉅鹿郡，故城在今定州鼓城縣東南。

遣大司馬吳漢擊五校賊於箕山，大破之。〔一〕

〔一〕吳漢傳曰東郡箕山。

五月，進幸元氏。辛巳，進幸盧奴。

遣征虜將軍祭遵率四將軍討張豐於涿郡，斬豐。

六月辛亥，車駕還宮。

七月丁亥，幸譙。遣捕虜將軍馬武、偏將軍王霸圍劉紆於垂惠。〔一〕

〔一〕垂惠，聚名，在今亳州山桑縣西北，一名禮城。

董憲將賁休以蘭陵城降，憲圍之。〔一〕虎牙大將軍蓋延率平狄將軍龐萌救賁休，不克，蘭陵為憲所陷。

〔一〕前書曰賁赫。賁音肥，今姓作（賁）〔奔〕音（奔）。蘭陵，縣，屬東海郡，故城在今沂州丞縣東。

秋八月戊午，進幸壽春。〔一〕

〔一〕今壽州縣。

太中大夫徐惲擅殺臨淮太守劉度，惲坐誅。

遣揚武將軍馬成率三將軍伐李憲。九月，圍憲於舒。〔一〕

〔一〕縣名，故城在今廬州廬江縣西。

冬十月甲寅，車駕還宮。

太傅卓茂薨。

十一月丙申，幸宛。遣建義大將軍朱祐率二將軍圍秦豐於黎丘。十二月丙寅，進幸黎丘。

是歲，征西大將軍馮異與公孫述將程焉戰於陳倉，破之。

五年春正月癸巳，車駕還宮。

二月丙午，大赦天下。

捕虜將軍馬武、偏將軍王霸拔垂惠。

乙丑，幸魏郡。〔一〕

〔一〕今相州也。

壬申，封殷後孔安爲殷紹嘉公。〔一〕

〔一〕成帝封孔吉爲殷紹嘉公，安即吉之裔也。

彭寵爲其蒼頭所殺，漁陽平。〔一〕

〔一〕秦呼人爲黔首。謂奴爲蒼頭者，以別於良人也。

大司馬吳漢率建威大將軍耿弇擊富平、獲索賊於平原，大破降之。〔一〕復遣耿弇率二將軍討張步。

〔一〕平原，郡，今德州縣也。

三月癸未，徙廣陽王良爲趙王，始就國。

平狄將軍龐萌反，殺楚郡太守孫萌而東附董憲。

遣征南大將軍岑彭率二將軍伐田戎於津鄉，大破之。〔一〕

〔一〕南郡有津鄉，故城在今荆州江陵縣東。

夏四月，旱，蝗。

河西大將軍竇融始遣使貢獻。

五月丙子，詔曰：「久旱傷麥，秋種未下，朕甚憂之。將殘吏未勝，獄多冤結，元元愁恨，感動天氣乎？其令中都官、三輔、郡、國出繫囚，〔一〕罪非犯殊死一切勿案，〔二〕見徒免爲庶人。務進柔良，退貪酷，各正厥事焉。」〔三〕

〔一〕前書音義曰：「中都官謂京師諸官府也。國謂諸侯王國也。」

〔二〕殊死謂斬刑。殊，絕也。左傳曰：「斬其木而弗殊。」一切謂權時，非久制也。並見前書音義。

〔三〕臣賢案：范曄序例云「帝紀略依春秋，唯孛彗、日食、地震書，餘悉備於志」。流俗本於此下多有「甲申，白虹見，南北竟天」者，誤。它皆放此。

六月，建義大將軍朱祜拔黎丘，獲秦豐；而龐萌、蘇茂圍桃城。〔一〕帝時幸蒙，〔二〕因自將征之。先理兵任城，乃進救桃城，大破萌等。

〔一〕任城國有桃聚，故城在今兗州任城縣北。

〔二〕縣名，屬梁國，故城在今宋州北。

秋七月丁丑，幸沛，祠高原廟。〔一〕詔修復西京園陵。進幸湖陵，征董憲。〔二〕又幸蕃，〔三〕遂攻董憲於昌慮，大破之。〔四〕

〔一〕前書音義曰：「原，再也。」謂已立廟，更立者爲原。

〔二〕湖陵，縣，屬山陽郡，故城在今兗州方與縣東，一名湖陸。

〔三〕縣名，屬魯國，故城在今徐州滕縣。蕃音皮。

〔四〕昌慮，縣，屬東海郡，故城在今徐州滕縣東南。古郳國之濫邑也。左傳曰「郳庶其以濫來奔」，即此地。

八月己酉，進幸郯，〔一〕留吳漢攻劉紆、董憲等，車駕轉徇彭城、下邳。吳漢拔郯，獲劉紆；漢進圍董憲、龐萌於朐。〔二〕

〔一〕縣名，屬東海郡，故城在今泗州下邳縣東北。郯音談。

〔二〕縣名，屬東海郡，故城在今海州朐山縣西。音其于反。

冬十月，還，幸魯，使大司空祠孔子。

耿弇等與張步戰於臨淄，大破之。〔一〕帝幸臨淄，進幸劇。〔二〕張步斬蘇茂以降，齊地平。

〔一〕臨淄，今青州縣。

〔二〕縣名，故城在今青州壽光縣南，故紀國城也。

初起太學。〔一〕車駕還宮，幸太學，賜博士弟子各有差。

〔一〕陸機洛陽記曰：「太學在洛陽城故開陽門外，去宮八里，講堂長十丈，廣三丈。」

十一月壬寅，大司徒伏湛免，尚書令侯霸爲大司徒。

十二月，盧芳自稱天子於九原。〔一〕

〔一〕縣名，屬五原郡，故城在今勝州銀成縣。

西州大將軍隗囂遣子恂入侍。

交阯牧鄧讓率七郡太守遣使奉貢。〔一〕

〔一〕交阯，郡，今交州縣也。南濱大海。輿地志云：「其夷足大指開析，兩足並立，指則相交。」阯與趾同，古字通。應劭漢官儀曰：「始開北方，遂交於南，爲子孫基阯也。」七郡謂南海、蒼梧、鬱林、合浦、交阯、九眞、日南，並屬交州，見續漢書。

詔復濟陽二年傜役。〔一〕

〔一〕濟陽，縣，故城在今曹州冤句縣西南。皇考南頓君初爲濟陽令，以哀帝建平元年帝生於濟陽宮，故復之。前書音義曰：「復謂除其賦役也。復音福。」

是歲，野穀漸少，田畝益廣焉。

校勘記

一頁三行　出自景帝生長沙定王發　劉攽東漢書刊誤謂「生」當作「子」。按：集解引惠棟說，謂東觀記世祖紀云「世祖光武皇帝，高祖九世孫，承文、景之統，出自長沙定王發，定王生舂陵節侯」，本書自明，范氏易其文而義反晦耳。

一頁三行　本屬零陵(冷)〔泠〕道縣　據汲本改。

一頁三行　故城(今)在〔今〕隨州棗陽縣東　據張熷讀史舉正改。

二頁一行　今(郴)〔貴〕州縣　王先謙謂鬱林今潯州府貴縣，貴縣唐爲貴州縣，作「郴」誤。今據改。

二頁五行　庭中骨起　按：殿本、集解本「庭中」作「中庭」。

二頁八行　王莽〔始〕建國六年　據刊誤補。

二頁一五行　天鳳六年改爲地皇　按：張熷謂據前書「六」當作「七」。

三頁一〇行　孛星光芒短蓬然　按：姚範援鶉堂筆記謂前書文紀文穎注「孛星光芒短，其光四出蓬蓬孛孛也」，則此注「蓬然」當重一「蓬」字。

三頁一三行　謂〔武冠〕武官冠之　據刊誤補。

四頁八行　更始元年正月甲子朔　張熷讀史舉正及黃山後漢書校補並謂據下文「二月辛巳」，則正月甲子非朔。今按：是年正月壬子朔，此或衍「朔」字，或「甲子」爲「壬子」之譌。

四頁一一行　前書曰　按：張熷謂引前書非本文，「書」下當有「音義」二字。

四頁一三行　屬南〔陽〕郡　按：張熷謂「南」下當有「陽」字。今據補。

四頁一三行　故城在今鄧州南陽縣南（在）淯水之陽　據殿本刪。

五頁一行　得定武侯家丞印　按：沈家本後漢書瑣言謂前書無「定武」，未知是班奪，抑東觀記誤也。

五頁八行　〔鄗〕音於建反　據汲本、殿本補。

六頁八行　欲分留守之　按：通鑑「留」作「兵」。

六頁一三行　（詔）〔昭〕如海濱　據殿本改，與前書莽傳合。

七頁四行　驃騎大將軍武帝置自霍去病始　按：錢大昕廿二史考異謂去病爲驃騎將軍，無「大」字。

七頁二行　鉦鼓之聲聞數百里　按：袁宏後漢紀「數百里」作「數十里」。御覽二八三引同。

七頁三行　城中負戶而汲　按：御覽二八三引「戶」作「楯」。

八頁七行　謂營頭之星也　按：御覽三二八引「謂」上有「所」字。

八頁八行　光武遂與營部俱進　按：張文虎舒藝室隨筆謂「營部」不辭，通典一五八引「營部」上有「諸」字，通鑑同。「諸」字不可少。

九頁一四行　賢萬人曰傑　殿本、集解本「賢」下有「過」字。按：白虎通聖人篇作「萬人曰傑」。

九頁一五行　少年子弟　按：前書莽傳「子」作「朱」。殿本同，考證謂監本作「于」，宋本作「宋」。

一〇頁四行　秩（比）二千石　據前書百官公卿表刪。按：前書云「自司隸至虎賁、校尉秩皆二千石」，此「比」字疑卽「皆」字之脫其下半。

一〇頁九行　（並）音其物反　據刊誤刪。

一〇頁一〇行　祓禊　按：「祓」原譌「袚」，逕據汲本、殿本改正。

一一頁五行　諸（事）曹〔掾〕史　刊誤謂案文多一「事」字。按：百官志作「諸曹掾史」，今據改。

一一頁一三行　東觀記（曰）林作臨字　按：於文明衍「曰」字，今刪。

一三頁一三行　王莽和（戎）〔成〕卒正邳彤亦舉郡降　按：邳彤傳「和戎」作「和成」，張熷謂當從彤傳。又沈家本謂按邳彤傳「戎」作「成」，注引東觀記亦作「成」，只此傳誤。水經濁漳水注引作「和城」，城成書多通用也。今據改。又按：汲本「彤」作「肜」。

一三頁二行　縣名屬涿郡　按：張熷謂案前志，薊屬廣陽國，續志屬廣陽郡，皆無「屬涿郡」之文。

一五頁六行　有〔常〕侍曹尚書　據刊誤補。

一六頁二行　郡〔名〕有琅邪山故城〔在〕今海州朐山縣東北　刊誤謂「郡」下少一「名」字，「城」下少一「在」字。今據補。

一六頁一五行　大肜渠帥樊重　按：耿弇傳「故大肜渠帥重異」，李注「重姓，異名」，此作「樊重」，似譌。

一七頁一二行　臧(矜)〔競〕音作鄒　按：集解引惠棟說，謂「矜」當作「競」，隋書經籍志范漢音訓三卷，陳宗道先生臧競撰。今據改。

一九頁五行　乃遣吳漢率耿弇陳俊馬武等十二將軍　按：「十二」當作「十四」。集解引惠棟說，謂耿弇傳光武遣弇與吳漢、景丹、蓋延、朱祐、邳彤、耿純、劉植、岑彭、祭遵、堅鐔、王霸、陳俊、馬武十三將軍，幷弇爲十四也。

二一頁三行　臣聞帝王不可以久曠　按：李慈銘後漢書札記謂「王」當作「位」。

二二頁八行　壇(廟)之東　據刊誤刪。

二三頁六行　名爲〔劉〕　據刊誤補。

二三頁八行　擊更始定國公王匡於安邑　按：「公」下原衍「主」字，逕據汲本、殿本刪。

二三頁一三行　偏將軍朱祐爲建義大將軍　按：王先謙謂「祐」當作「祜」，詳下朱祜傳校勘記。

二四頁五行　尉平也　按：前書顏師古注作「廷，平也」。

二四頁一〇行　〔故〕城在今濮州雷澤縣北也　按：張森楷校勘記謂「城」上當有「故」字，今據補。

二四頁一五行　其文曰告某官云〔云〕　據刊誤補。

二五頁三行　以前(高)密令卓茂爲太傅　據殿本考證引何焯說及集解引錢大昕說刪。按：錢氏謂茂作令在河南之密，非高密，紀衍「高」字。

二五頁四行　卓以平帝時爲密令　按：集解引何焯說，謂「卓」應改「茂」。

二七頁二行　蔡質〔漢〕典職儀曰　據刊誤補。

二七頁三行　草名也　按：「草」原作「華」，逕據汲本、殿本改。

二七頁九行　故立元帝爲祖廟　按：刊誤謂以世數言之，元帝乃是光武考，非祖也，作「祖」字誤。

二七頁一五行　地理羣后從食　按：「后」當作「神」，續志可證。

二八頁七行　眞定王楊臨邑侯讓　按：錢大昕謂劉植、耿純傳「楊」皆作「揚」，耿純傳「臨」作「林」。

二八頁九行——二九頁二行　二月己酉幸修武　辛卯至自修武　三月乙未大赦天下　校補引洪亮吉說，謂己酉、辛卯不同月，下「三月」二字當在「辛卯」上，范史誤倒。黄山謂本年正月甲子朔，則二月己酉已屆望後矣，不惟二月無辛卯，即三月亦不當有乙未。袁紀書「三月乙酉，大赦天下」，不作「乙未」也。范書日月踳駁之處不可枚舉，書闕有閒，無從悉正。

二九頁一四行 故眞定王楊子得爲眞定王　汲本、殿本「得」作「德」。按：得德古通作。

三〇頁二行 成帝封姬延爲周承休公常即延之後　按：沈家本謂按前書恩澤侯表「延」作「延年」，疑此注奪「年」字。常者，延年四世孫也。惟表云更爲周承休侯，與此異。

三七頁一行 今姓作(賁)〔奔〕音(奔)　據刊誤改。

三九頁一六行 蕃音皮　殿本「皮」作「反」。按：張森楷校勘記謂前書地理志注引應劭音皮，又引白裒說，陳蕃子爲魯相，改讀爲皮云云以實之。而胡三省據通典，謂「皮」乃「反」之誤，非是眞有皮音。近人酷信應說，乃謂蕃通作番，番皮雙聲云云，非也。

四〇頁一五行 故城在今勝州銀成縣　汲本、殿本「成」作「城」。按：成城古多通作。

後漢書卷一下

光武帝紀第一下

六年春正月丙辰，改春陵鄉爲章陵縣。世世復傜役，比豐、沛，無有所豫。〔一〕

〔一〕高祖（豐）沛〔豐〕邑人，故代代復，今比之也。復音福。

辛酉，詔曰：「往歲水旱蝗蟲爲災，穀價騰躍，〔一〕人用困乏。朕惟百姓無以自贍，惻然愍之。其命郡國有穀者，給稟〔二〕高年、鰥、寡、孤、獨及篤癃、無家屬貧不能自存者，如律。〔三〕二千石勉加循撫，無令失職。」〔四〕

〔一〕言踴貴也。

〔二〕說文：「稟，賜穀也。」音筆錦反。

〔三〕大戴禮曰：「六十無妻曰鰥，五十無夫曰寡。」禮記曰：「幼而無父曰孤，老而無子曰獨。」爾雅曰：「篤，困也。」蒼頡篇曰：「癃，病也。」漢律今亡。

〔四〕職猶常也。

揚武將軍馬成等拔舒，獲李憲。

二月，大司馬吳漢拔朐，獲董憲、龐萌，山東悉平。諸將還京師，置酒賞賜。

三月，公孫述遣將任滿寇南郡。〔一〕

〔一〕今荆州也。

夏四月丙子，幸長安，始謁高廟，遂有事十一陵。〔一〕

〔一〕有事謂祭也。左傳曰：「有事於太廟。」高祖長陵，惠帝安陵，文帝霸陵，景帝陽陵，武帝茂陵，昭帝平陵，宣帝杜陵，元帝渭陵，成帝延陵，哀帝義陵，平帝康陵。

遣虎牙大將軍蓋延等七將軍從隴道伐公孫述。

五月己未，至自長安。

隗囂反，蓋延等因與囂戰於隴阺，諸將敗績。

辛丑，詔曰：「惟天水、隴西、安定、北地〔一〕吏人爲隗囂所詿誤者，〔二〕又三輔遭難赤眉，有犯法不道者，〔三〕自殊死以下，皆赦除之。」

〔一〕並郡名。天水今秦州，安定今涇州，北地今寧州，隴西今渭州。

〔二〕說文曰：「詿亦誤也。」音古賣反。

〔三〕前書音義曰：「律：殺不辜一家三人爲不道。」

六月辛卯，詔曰：「夫張官置吏，所以爲人也。〔一〕今百姓遭難，戶口耗少，而縣官吏職所置尚繁，其令司隸、州牧〔二〕各實所部，省減吏員。縣國不足置長吏可并合者，〔三〕上大司徒、大司空二府。」於是條奏并省四百餘縣，吏職減損，十置其一。

〔一〕管子曰：「張官置吏，所以奉主之法。」

〔二〕漢官儀曰：「司隸校尉部河南、河內、右扶風、左馮翊、京兆、河東、弘農七郡於河南洛陽，故謂東京爲『司隸』。」

〔三〕并音必政反。

代郡太守劉興擊盧芳將賈覽於高柳，戰歿。〔一〕

〔一〕高柳，縣，屬代郡，故城在今雲州定襄縣。

初，樂浪人王調據郡不服。〔一〕秋，遣樂浪太守王遵擊之，郡吏殺調降。

〔一〕樂浪，郡，故朝鮮國也，在遼東。

遣前將軍李通率二將軍，與公孫述將戰於西城，破之。〔一〕

〔一〕西城，縣，屬漢中，今金州縣也。

夏，蝗。

秋九月庚子，赦樂浪謀反大逆殊死已下。

丙寅晦，日有食之。

冬十月丁丑，詔曰：「吾德薄不明，寇賊爲害，彊弱相陵，元元失所。詩云：『日月告凶，不用其行。』〔一〕永念厥咎，內疚於心。〔二〕其勑公卿舉賢良方正各一人；〔三〕百僚並上封事，無有隱諱；〔四〕有司修職，務遵法度。」

〔一〕詩小雅鄭玄注云：「告凶，告天下凶亡之徵也。行，道度也。不用之者，謂相干犯。」

〔二〕疚，病也。詩曰：「憂心孔疚。」

〔三〕武帝建元元年，始詔舉賢良方正、直言極諫之士也。

〔四〕宣帝始令羣臣得奏封事，以知下情。

十一月丁卯，詔王莽時吏人沒入爲奴婢不應舊法者，皆免爲庶人。

十二月壬辰，大司空宋弘免。

癸巳，詔曰：「頃者師旅未解，用度不足，故行什一之稅。〔一〕今軍士屯田，糧儲差積。〔二〕其令郡國收見田租三十稅一，如舊制。」〔三〕

〔一〕謂十分而稅其一也。孟子曰：「夏五十而貢，殷七十而助，周百畝而徹，其實皆什一也。」

〔二〕武帝初通西域，始置校尉屯田。

〔三〕景帝二年，令人田租三十而稅一，今依景帝，故云「舊制」。

隗囂遣將行巡寇扶風，〔一〕征西大將軍馮異拒破之。

〔一〕行，姓；巡，名。漢有行祐，爲趙相，見風俗通。

是歲，初罷郡國都尉官。始遣列侯就國。匈奴遣使來獻，使中郎將報命。〔一〕

〔一〕漢官儀曰：「使匈奴中郎將，擁節，秩比二千石。」匈奴傳云：「令中郎將韓統報命，賂遺金幣。」

七年春正月丙申，詔中都官、三輔、郡、國出繫囚，非犯殊死，皆一切勿案其罪。見徒免為庶(民)〔人〕。耐罪亡命，吏以文除之。〔一〕

〔一〕耐，輕刑之名。前書音義曰：「一歲刑為罰作，二歲刑已上為耐。」耐音乃代反。亡命謂犯耐罪而背名逃者。令吏為文簿，記其姓名而除其罪，恐遂逃不歸，因失名籍。

又詔曰：「世以厚葬為德，薄終為鄙，至于富者奢僭，貧者單財，〔一〕法令不能禁，禮義不能止，倉卒乃知其咎。〔二〕其布告天下，令知忠臣、孝子、慈兄、悌弟薄葬送終之義。」

〔一〕單，盡也。

〔二〕倉卒謂喪亂也。諸厚葬者皆被發掘，故乃知其咎。咎，惡也。

二月辛巳，罷護漕都尉官。

三月丁酉，詔曰：「今國有眾軍，並多精勇，宜且罷輕車、騎士、材官、樓船士及軍假吏，〔一〕令還復民伍。」

〔一〕漢官儀曰：「高祖命天下郡國選能引關蹶張，材力武猛者，以為輕車、騎士、材官、樓船，常以立秋後講肄課試，各有員數。平地用車騎，山阻用材官，水泉用樓船。」軍假吏謂軍中權置吏也。今悉罷之。

公孫述立隗囂爲朔寧王。

癸亥晦，日有食之，避正殿，寢兵，不聽事五日。詔曰：「吾德薄致災，謫見日月，〔一〕戰慄恐懼，夫何言哉！今方念愆，庶消厥咎。其令有司各修職任，奉遵法度，惠茲元元。百僚各上封事，無有所諱。其上書者，不得言聖。」

〔一〕謫，責也。音直革反。左傳曰：「人君爲政不用善，自取謫於日月之災也。」

夏四月壬午，詔曰：「比陰陽錯謬，日月薄食。百姓有過，在予一人，大赦天下。公、卿、司隸、州牧舉賢良　方正各一人，遣詣公車，朕將覽試焉。」〔一〕

〔一〕公車，門名。公車所在，因以名焉。漢官儀曰：「公車〔司馬〕掌殿司馬門，天下上事及徵召皆總領之。」

五月戊戌，前將軍李通爲大司空。

甲寅，詔吏人遭饑亂及爲青、徐賊所略爲奴婢下妻，欲去留者，恣聽之。〔一〕敢拘制不還，以賣人法從事。〔二〕

〔一〕杜預〔注〕左傳云：「不以道取爲略。」

〔二〕言從賣人之事以結其罪。

是夏，連雨水。

漢忠將軍王常爲橫野大將軍。

八月丁亥，封前河閒王邵爲河閒王。

隗囂寇安定，征西大將軍馮異、征虜將軍祭遵擊却之。

冬，盧芳所置朔方太守田颯、〔一〕雲中太守喬扈各舉郡降。

〔一〕音立。

是歲，省長水、射聲二校尉官。〔一〕

〔一〕前書音義曰：「長水，地名，胡騎所屯。射聲謂工射者也，夜中聞聲則射之，因以爲名。」二校尉皆武帝置，今省之。

八年春正月，中郎將來歙襲略陽，〔一〕殺隗囂守將而據其城。

〔一〕縣名，屬天水郡，故城在今秦州隴城縣西北。

夏四月，司隸校尉傅抗下獄死。

隗囂攻來歙，不能下。閏月，帝自征囂，河西(太守)〔大將軍〕竇融率五郡太守與車駕會高平。〔二〕隴右潰，隗囂奔西城，遣大司馬吳漢、征南大將軍岑彭圍之；進幸上邽，不降，〔三〕命虎牙大將軍蓋延、建威大將軍耿弇攻之。

〔一〕五郡謂隴西、金城、天水、酒泉、張掖。高平，縣名，屬安定，後改爲（高）平〔高〕，今原州縣。

〔二〕上邽，縣名，屬隴西郡，故邽戎邑，今秦州縣。

秋，大水。

潁川盜賊寇沒屬縣，河東守守兵亦叛，京師騷動。

八月，帝自上邽晨夜東馳。九月乙卯，車駕還宮。

庚申，帝自征潁川盜賊，皆降。

安丘侯張步叛歸琅邪，〔一〕琅邪太守陳俊討獲之。

〔一〕安丘，縣，屬北海郡，今密州縣，有渠丘亭。

戊寅，至自潁川。

冬十月丙午，幸懷。十一月乙丑，至自懷。

公孫述遣兵救隗囂，吳漢、蓋延等還軍長安。天水、隴西復反歸囂。

十二月，高句麗王遣使奉貢。

是歲大水。〔一〕

〔一〕左傳曰：「平原出水爲大水。」

九年春正月，隗囂病死，其將王元、周宗復立囂子純爲王。

徙鴈門吏人於太原。

三月辛亥，初置青巾左校尉官。

公孫述遣將田戎、任滿據荆門。〔一〕

〔一〕水經注曰：「江水東歷荆門、虎牙之閒。荆門山在南，上合下開，其狀似門，虎牙山在北，石壁色紅，閒有白文類牙，故以名也。此二山，楚之西塞也。」在今硤州夷陵縣東南。

夏六月丙戌，幸緱氏，登轘轅。〔一〕

〔一〕緱氏縣有緱氏山，轘轅山有轘轅坂，並在洛陽之東南。

遣大司馬吴漢率四將軍擊盧芳將賈覽於高柳，戰不利。

秋八月，遣中郎將來歙監征西大將軍馮異等五將軍討隗純於天水。

驃騎大將軍杜茂與賈覽戰於繁時，〔一〕茂軍敗績。

〔一〕縣名，屬鴈門郡，今代州縣。

是歲，省關都尉，〔一〕復置護羌校尉官。〔二〕

〔一〕前書曰秦官也，武帝置。

〔二〕漢官儀曰：「武帝置，秩比二千石，持節，以護西羌。王莽亂，遂罷。」時班彪議，宜復其官，以理冤結。帝從之，以牛邯爲護羌校尉，都於隴西令居縣。

十年春正月，大司馬吳漢率捕虜將軍王霸等五將軍擊賈覽於高柳，匈奴遣騎救覽，諸將與戰，卻之。

修理長安高廟。

夏，征西大將軍馮異破公孫述將趙匡於天水，斬之。征西大將軍馮異薨。

秋八月己亥，幸長安，祠高廟，遂有事十一陵。

戊戌，進幸汧。〔一〕隗囂將高峻降。

〔一〕縣名，屬右扶風，故城在今隴州汧源縣。

冬十月，中郎將來歙等大破隗純於落門，〔一〕其將王元奔蜀，純與周宗降，隴右平。

〔一〕前書曰天水冀縣有落門聚，在今渭州隴西縣東南；有落門山，落門水出焉。

先零羌寇金城、隴西，〔一〕來歙率諸將擊羌於五谿，大破之。〔二〕

〔一〕金城，郡，故城在今蘭州廣武縣之西南。

〔二〕續漢志曰隴西襄武縣有五谿聚。

庚寅，車駕還宮。

是歲，省定襄郡，〔一〕徙其民於西河。〔二〕泗水王歙薨。淄川王終薨。

〔一〕定襄故城在今勝州界。

〔二〕郡名，今石州離石縣。

十一年春二月己卯，詔曰：「天地之性人爲貴。其殺奴婢，不得減罪。」

〔三月〕己酉，幸南陽；還，幸章陵，祠園陵。

城陽王祉薨。

庚午，車駕還宮。

閏月，征南大將軍岑彭率三將軍與公孫述將田戎、任滿戰於荊門，大破之，獲任滿。威虜將軍馮駿圍田戎於江州，〔一〕岑彭遂率舟師伐公孫述，平巴郡。

〔一〕縣名，屬巴郡，今渝州巴縣。

夏四月丁卯，省大司徒司直官。〔一〕

〔一〕漢官儀曰：「武帝置丞相司直，元壽二年改丞相爲大司徒，司直仍舊。」今省。

先零羌寇臨洮。〔二〕

〔一〕縣名，屬隴西郡，故城在今岷州。

六月，中郎將來歙率揚武將軍馬成破公孫述將王元、環安於下辯。〔一〕安遣閒人刺殺中郎將來歙。〔二〕帝自將征公孫述。秋七月，次長安。〔三〕八月，岑彭破公孫述將侯丹於黃石。〔四〕輔威將軍臧宮與公孫述將延岑戰於沈水，大破之。〔五〕王元降。至自長安。

〔一〕縣名，屬武都郡，今成州同谷縣，舊名武街城。

〔二〕閒，諜也，謂伺候閒隙也。

〔三〕左傳例曰：「凡師出一宿爲舍，再宿爲信，過信爲次。」

〔四〕即黃石灘也。水經注曰：「江水自涪陵東出百里而屆于黃石。」在今涪州涪陵縣。

〔五〕水經注曰：「沈水出廣漢縣，下入涪水。」本或作「沅水」及「沉水」者，並非。

癸亥，詔曰：「敢灸灼奴婢，論如律，免所灸灼者爲庶(民)〔人〕。」

冬十月壬午，詔除奴婢射傷人棄市律。

公孫述遣閒人刺殺征南大將軍岑彭。

馬成平武都，因隴西太守馬援擊破先零羌，徙致天水、隴西、扶風。

十二月，大司馬吳漢率舟師伐公孫述。

是歲，省朔方牧，并并州。〔一〕初斷州牧自還奏事。〔二〕

〔一〕朔方，郡，在今夏州朔方縣北。上并音必政反。

〔二〕前書音義曰「刺史每歲盡則入奏事京師」，今斷之。哀帝改刺史曰州牧。

十二年春正月，大司馬吳漢與公孫述將史興戰於武陽，斬之。〔一〕

〔一〕武陽，縣，屬犍爲郡，故城在今眉州隆山縣東也。

三月癸酉，詔隴、蜀民被略爲奴婢自訟者，及獄官未報，一切免爲庶(民)〔人〕。

夏，甘露降南行唐。〔一〕　六月，黃龍見東阿。〔二〕

〔一〕縣名，屬常山郡，今恆州縣。

〔二〕今濟州縣。

秋七月，威虜將軍馮駿拔江州，獲田戎。　九月，吳漢大破公孫述將謝豐于廣都，斬之。〔一〕輔威將軍臧宮拔涪城，斬公孫恢。〔二〕

〔一〕廣都，今益州。

〔二〕涪城，今綿州縣也。恢，述之弟。

大司空李通罷。

冬十一月戊寅，吳漢、臧宮與公孫述戰於成都，大破之。述被創，夜死。辛巳，吳漢屠成都，夷述宗族及延岑等。〔一〕

〔一〕廣雅曰：「夷，猶滅也。」

十二月辛卯，揚武將軍馬成行大司空事。

是歲，九真徼外蠻夷張遊率種人內屬，〔一〕封爲歸漢里君。省金城郡屬隴西。參狼羌寇武都，〔二〕隴西太守馬援討降之。詔邊吏力不足戰則守，追虜料敵不拘以逗留法。〔三〕橫野大將軍王常薨。遣驃騎大將軍杜茂將衆郡施刑屯北邊，〔四〕築亭候，〔五〕修烽燧。〔六〕

〔一〕九真，今愛州縣。

〔二〕武都，今武州也。參音所今反。

〔三〕說文曰：「逗，留止也。」前書音義曰：「逗是曲行避敵也。」漢法，軍行逗留畏愞者斬。追虜或近或遠，量敵進退，不拘以軍法，直取勝敵爲務也。逗，古住字。

〔四〕施，讀曰弛。弛，解也。前書音義曰：「謂有赦令去其鉗釱赭衣，謂之弛刑。」

〔五〕亭候，伺候望敵之所。前書曰，秦法十里一亭，亭有長，漢因之不改。

〔六〕前書音義曰：「邊方備警急，作高土臺，臺上作桔皐，桔皐頭有兜零，以薪草置其中，常低之，有寇即燃火舉之，以相告，曰烽。又多積薪，寇至即燔之，望其烟，曰燧。晝則燔燧，夜乃舉烽。」廣雅曰：「兜零，籠也。」

十三年春正月庚申，大司徒侯霸薨。

戊子，詔曰：「往年已敕郡國，異味不得有所獻御，今猶未止，非徒有豫養導擇之勞，〔一〕至乃煩擾道上，疲費過所。其令太官勿復受。〔二〕明敕下以遠方口實所以薦宗廟，自如舊

制。」〔三〕

〔一〕豫養謂未至獻時豫前養之。導亦擇也。

〔二〕續漢志曰：「太官令一人，秩六百石，掌御膳飲食。」

〔三〕漢官儀曰：「口實，膳羞之事也。」

二月，遣捕虜將軍馬武屯虖沱河以備匈奴。盧芳自五原亡入匈奴。

丙辰，詔曰：「長沙王興、眞定王得、河閒王邵、中山王茂，皆襲爵爲王，不應經義。〔一〕其以興爲臨湘侯，〔二〕得爲眞定侯，邵爲樂成侯，〔三〕茂爲單父侯。」〔四〕其宗室及絕國封侯者凡一百三十七人。丁巳，降趙王良爲趙公，太原王章爲齊公，魯王興爲魯公。庚午，以殷紹嘉公孔安爲宋公，周承休公姬(常)〔武〕爲衞公。省并西京十三國：廣平屬鉅鹿，眞定屬常山，河閒屬信都，城陽屬琅邪，泗水屬廣陵，淄川屬高密，膠東屬北海，六安屬廬江，廣陽屬上谷。〔五〕

〔一〕以其服屬既疏，不當襲爵爲王。

〔二〕臨湘，縣，今潭州長沙縣。

〔三〕樂成，縣，故城在今瀛州樂(府)〔壽〕縣西北。

〔四〕今宋州縣。音善甫。

〔五〕據此惟有九國，云「十三」，誤也。

三月辛未，沛郡太守韓歆爲大司徒。丙子，行大司空馬成罷。

夏四月，大司馬吳漢自蜀還京師，於是大饗將士，班勞策勳。〔一〕功臣增邑更封，凡三百六十五人。其外戚恩澤封者四十五人。罷左右將軍官。〔二〕建威大將軍耿弇罷。

〔一〕班，布也。謂徧布勞來之。其有功者，以策書紀其勳也。勞音力到反。

〔二〕前書曰左右將軍，周官也，秦、漢因之。至此罷。

益州傳送公孫述瞽師、郊廟樂器、葆車、輿輦，於是法物始備。〔一〕時兵革既息，天下少事，文書調役，務從簡寡，〔二〕至乃十存一焉。

〔一〕瞽，無目之人也。爲樂師，取其無所見，於音聲審也。郊廟之器，罇彝之屬也。樂器，鍾磬之屬。葆車謂上建羽葆也。合聚五采羽名爲葆。輿者，車之總名也。輦者，駕人以行。法物謂大駕鹵簿儀式也。時草創未暇，今得之始備。

〔二〕調謂發也。

甲寅，冀州牧竇融爲大司空。

五月，匈奴寇河東。

秋七月，廣漢徼外白馬羌豪率種人內屬。〔一〕

〔一〕廣漢，今益州雒縣也。徼猶塞也，音吉弔反。羌有百五十四種，在廣漢西北者爲白馬羌。

九月，日南徼外蠻夷獻白雉、白兔。〔一〕

〔一〕日南，郡，屬交州。

冬十二月甲寅，詔益州民自八年以來被略爲奴婢者，〔一〕皆一切免爲庶(民)〔人〕；或依託爲人下妻，欲去者，恣聽之；敢拘留者，比青、徐二州以略人法從事。

〔一〕謂公孫述時也。

復置金城郡。〔一〕

〔一〕前年省并隴西。

十四年春正月，起南宮前殿。

匈奴遣使奉獻，使中郎將報命。〔一〕

〔一〕中郎將劉襄也。

夏四月辛巳，封孔子後志爲褒成侯。〔一〕

〔一〕平帝封孔均爲褒成侯。志，均子也。古今志曰志時爲密令。

越巂人任貴自稱太守，遣使奉計。〔一〕

〔一〕越巂，郡，武帝置，本邛都也。巂，水名，因越巂水而置郡，故以名焉。計謂人庶名籍，若今計帳。

秋九月，平城人賈丹殺盧芳將尹由來降。〔一〕

〔一〕平城屬鴈門郡，今雲州定襄縣也。

是歲，會稽大疫。〔一〕莎車國、鄯善國遣使奉獻。〔二〕

〔一〕會稽，今越州縣。

〔二〕莎車、鄯善，並西域國名。鄯音市戰反。

十二月癸卯，詔益、涼二州奴婢，自八年以來自訟在所官，一切免爲庶（民）〔人〕，賣者無還直。

十五年春正月辛丑，大司徒韓歆免，自殺。〔一〕

〔一〕事見侯霸傳。

丁未，有星孛於昴。

汝南太守歐陽歙爲大司徒。建義大將軍朱祐罷。

丁未，有星孛於營室。

二月，徙鴈門、代郡、上谷三郡民，置常（山）關、居庸關以東。〔一〕

〔一〕前書曰代郡有常山關，上谷郡居庸縣有關。時胡寇數犯邊，故徙之。

初，巴蜀既平，大司馬吳漢上書請封皇子，不許，重奏連歲。三月，乃詔羣臣議。大司空融、固始侯通、膠東侯復、高密侯禹、太常登等奏議曰：「古者封建諸侯，以藩屏京師。〔一〕周封八百，〔二〕同姓諸姬並爲建國，〔三〕夾輔王室，尊事天子，享國永長，爲後世法。故詩云：『大啓爾宇，爲周室輔。』〔四〕高祖聖德，光有天下，亦務親親，封立兄弟諸子，不違舊章。陛下德橫天地，興復宗統，褒德賞勳，親睦九族，〔五〕功臣宗室，咸蒙封爵，多受廣地，或連屬縣。今皇子賴天，能勝衣趨拜，陛下恭謙克讓，抑而未議，羣臣百姓，莫不失望。宜因盛夏吉時，定號位，以廣藩輔，〔六〕明親親，尊宗廟，重社稷，應古合舊，厭塞衆心。臣請大司空上輿地圖，〔七〕太常擇吉日，具禮儀。」制曰：「可。」

〔一〕藩，籬也。屏，蔽也。詩大雅曰：「介人維藩，大邦維屏。」毛萇注曰：「當用公卿諸侯爲藩屏也。」公羊傳曰：「京者何？大也。師者何？衆也。天子之居，必(有)〔以〕衆大之辭言之。」

〔二〕史記曰「唐、虞協和萬國，逮于夏、商，或數千，蓋周封八百」也。

〔三〕左傳曰：「虞、虢、焦、滑、霍、楊、韓、魏，皆姬姓也。」

〔四〕詩魯頌也。宇，居也。周成王封周公子伯禽於魯。言大開爾居，以爲我周家之輔。

〔五〕孔安國注尚書云：「九族謂上至高祖，下至玄孫。」

〔六〕禮記月令：「天子孟夏迎夏於南郊，還，乃封諸侯，行爵出祿。」

〔七〕廣雅曰：「輿，載也。」言載在地者，皆圖畫之。司空掌土地，故命上之。

夏四月戊申，以太牢告祠宗廟。丁巳，使大司空融告廟，封皇子輔爲右翊公，英爲楚公，陽爲東海公，康爲濟南公，蒼爲東平公，延爲淮陽公，荆爲山陽公，衡爲臨淮公，焉爲左翊公，京爲琅邪公。癸丑，追謚兄伯升爲齊武公，兄仲爲魯哀公。

六月庚午，復置屯騎、長水、射聲三校尉官；〔一〕改青巾左校尉爲越騎校尉。

〔一〕七年罷。

詔下州郡檢覈墾田頃畝〔一〕及戶口年紀，又考實二千石長吏阿枉不平者。

〔一〕覈，謂也。

冬十一月甲戌，大司徒歐陽歙下獄死。十二月庚午，關內侯戴涉爲大司徒。盧芳自匈奴入居高柳。

是歲，驃騎大將軍杜茂免。虎牙大將軍蓋延薨。

十六年春二月，交阯女子徵側反，略有城邑。

三月辛丑晦，日有蝕之。

秋九月，河南尹張伋及諸郡守十餘人，坐度田不實，皆下獄死。〔一〕

〔一〕東觀記曰：「刺史太守多爲詐巧，不務實核，苟以度田爲名，聚人田中，並度廬屋里落，聚人遮道啼呼。」

郡國大姓及兵長、羣盜處處並起，攻劫在所，害殺長吏。郡縣追討，到則解散，去復屯結。青、徐、幽、冀四州尤甚。冬十月，遣使者下郡國，聽羣盜自相糾擿，〔一〕五人共斬一人者，除其罪。吏雖逗留回避故縱者，皆勿問，聽以禽討爲效。其牧守令長坐界內盜賊而不收捕者，又以畏愞捐城委守者，皆不以爲負，〔二〕但取獲賊多少爲殿最，〔三〕唯蔽匿者乃罪之。於是更相追捕，賊並解散。徙其魁帥於它郡，賦田受稟，使安生業。自是牛馬放牧，邑門不閉。

〔一〕擿猶發也。音它狄反。

〔二〕委守謂弃其所守也。

〔三〕殿，後也。謂課居後也。最，凡要之首也。言課居先也。

盧芳遣使乞降。十二月甲辰，封芳爲代王。

初，王莽亂後，貨幣雜用布、帛、金、粟。是歲，始行五銖錢。〔一〕

〔一〕武帝始爲五銖錢，王莽時廢，今始行之。

十七年春正月，趙公良薨。

二月乙（亥）〔未〕晦，日有食之。〔一〕

〔一〕東觀記曰：「上以日食避正殿，讀圖讖多，御坐廡下淺露，中風發疾，苦眩甚。左右有白大司馬史，病苦如此，不能動搖。自強從公，出乘，以車行數里，病差。四月二日，車駕宿偃師。病差數日，入南陽界，到葉。以車騎省，留數日行，黎陽兵馬千餘匹，遂到章陵，起居平愈。」

夏四月乙卯，南巡狩，皇太子及右翊公輔、楚公英、東海公陽、濟南公康、東平公蒼從，幸潁川，進幸葉、章陵。〔一〕五月乙卯，車駕還宮。

〔一〕葉，縣，故楚葉公邑，屬南〔陽〕郡，今許州縣也。葉音式涉反。

六月癸巳，臨淮公衡薨。

秋七月，妖巫李廣等羣起據皖城，〔一〕遣虎賁中郎將馬援、驃騎將軍段志討之。九月，破皖城，斬李廣等。

〔一〕縣名，屬廬江郡，故城在今舒州，有皖水。音下板反。

冬十月辛巳，廢皇后郭氏爲中山太后，立貴人陰氏爲皇后。進右翊公輔爲中山王，食常山郡。〔一〕其餘九國公，皆卽舊封進爵爲王。

〔一〕本恆山郡，避文帝諱改爲常山，故城在今趙州元氏縣西。

甲申，幸章陵。脩園廟，祠舊宅，觀田廬，置酒作樂，賞賜。時宗室諸母因酣悅，相與語曰：「文叔少時謹信，與人不款曲，唯直柔耳。今乃能如此！」帝聞之，大笑曰：「吾理天下，亦欲以柔道行之。」乃悉爲舂陵宗室起祠堂。有五鳳皇見於潁川之郟縣。〔二〕十二月，至自章陵。

〔二〕郟，今汝州郟城縣也。東觀記曰：「鳳高八尺，五彩，羣鳥並從，行列蓋地數頃，停一十七日。」

是歲，莎車國遣使貢獻。

十八年春二月，蜀郡守將史歆叛，遣大司馬吳漢率二將軍討之，圍成都。甲寅，西巡狩，幸長安。三月壬午，祠高廟，遂有事十一陵。歷馮翊界，進幸蒲坂，祠后土。〔一〕夏四月（甲戌）〔癸酉〕，車駕還宮。

〔一〕漢官儀曰：「祭地於河東汾陰后土宮。宮曲入河，古之祭地，澤中方丘也。以夏至日祭，其禮儀如祭天。」蒲坂，縣，屬河東郡。后土祠在今蒲州汾陰縣西北。

（癸酉）〔甲戌〕，詔曰：「今邊郡盜穀五十斛，罪至於死，開殘吏妄殺之路，其蠲除此法，同之內郡。」

遣伏波將軍馬援率樓船將軍段志等擊交阯賊徵側等。

（戊）〔甲〕申，幸河內。戊子，至自河內。

五月，旱。

盧芳復亡入匈奴。

秋七月，吳漢拔成都，斬史歆等。壬戌，赦益州所部殊死已下。

冬十月庚辰，幸宜城。〔一〕還，祠章陵。十二月乙丑，車駕還宮。

〔一〕縣，屬南郡，楚之鄀邑也，故城在今襄州率道縣南。

是歲，罷州牧，置刺史。〔一〕

〔一〕武帝元封五年初置部刺史，掌奉詔條察州，秩六百石，員十三人。成帝綏和元年更名牧，秩二千石。哀帝建平二年復爲刺史，元壽二年復爲牧。經王莽變革，至建武元年復置牧，今改置刺史。

十九年春正月庚子，追尊孝宣皇帝曰中宗。始祠昭帝、元帝於太廟，〔一〕成帝、哀帝、平帝於長安，舂陵節侯以下四世於章陵。

〔一〕漢官儀曰：「光武第雖十二，於父子之次，於成帝爲兄弟，於哀帝爲諸父，於平帝爲祖父，皆不可爲之後。上至元帝，於光武爲父，故上繼元帝而爲九代。故河圖云『赤九會昌』，謂光武也。」然則宣帝爲（曾）祖，故追尊及祠之。

妖巫單臣、傅鎮等反，據原武，遣太中大夫臧宮圍之。夏四月，拔原武，斬臣、鎮等。

伏波將軍馬援破交阯，斬徵側等。因擊破九眞賊都陽等，降之。

閏月戊申，進趙、齊、魯三國公爵爲王。

六月戊申，詔曰：「春秋之義，立子以貴。〔一〕東海王陽，皇后之子，宜承大統。皇太子彊，崇執謙退，願備藩國。父子之情，重久違之。其以彊爲東海王，立陽爲皇太子，改名莊。」

〔一〕公羊傳曰：「立嫡以長不以賢，立子以貴不以長。桓公何以貴？母貴也。母貴則子〔何以〕貴？子以母貴，母以子貴。」

秋九月，南巡狩。壬申，幸南陽，進幸汝南南頓縣舍，置酒會，賜吏人，復南頓田租歲。父老前叩頭言：「皇考居此日久，陛下識知寺舍，〔二〕每來輒加厚恩，願賜復十年。」帝曰：「天下重器，常恐不任，日復一日，安敢遠期十歲乎？」吏人又言：「陛下實惜之，何言謙也？」帝大笑，復增一歲。進幸淮陽、梁、沛。

〔一〕蔡邕獨斷曰：「陛，階陛也。與天子言不敢指斥，故云陛下。」風俗通曰：「寺，司也。諸官府所止皆曰寺。」光武嘗從皇考至南頓，故識知官府舍宇。

西南夷寇益州郡，〔一〕遣武威將軍劉尚討之。越嶲太守任貴謀叛，十二月，劉尚襲貴，誅之。

〔一〕常璩華陽國志云：「武帝元封二年叟夷反，將軍郭昌討平之，因開爲益州郡。」故城在今昆州晉寧縣是也。

是歲，復置函谷關都尉。〔一〕修西京宮室。

〔一〕九年省，今復置。

二十年春二月戊子，車駕還宮。

夏四月庚辰，大司徒戴涉下獄死。〔一〕大司空竇融免。

〔一〕古今注曰：「坐入故太倉令奚涉罪。」

五月辛亥，大司馬吳漢薨。

匈奴寇上黨、天水，遂至扶風。

六月庚寅，廣漢太守蔡茂爲大司徒，太僕朱浮爲大司空。壬辰，左中郎將劉隆爲驃騎將軍，行大司馬事。〔一〕

〔一〕武帝省太尉，置大司馬將軍；成帝賜金印紫綬，置官屬，祿比丞相；哀帝去將軍，位在司徒上。見前書。

乙未，徙中山王輔爲沛王。

秋，東夷韓國人率衆詣樂浪內附。〔一〕

〔一〕東夷有辰韓、卞韓、馬韓，謂之三韓國也。

冬十月，東巡狩。甲午，幸魯，進幸東海、楚、沛國。

十二月，匈奴寇天水。

壬寅，車駕還宮。

是歲，省五原郡，徙其吏人置河東。復濟陽縣傜役六歲。

二十一年春正月，武威將軍劉尚破益州夷，平之。

夏四月，安定屬國胡叛，屯聚青山，〔一〕遣將兵長史陳訢討平之。〔二〕

〔一〕青山在今慶州馬嶺縣西北。

〔二〕訢音欣。

秋，鮮卑寇遼東，遼東太守祭肜大破之。

冬十月，遣伏波將軍馬援出塞擊烏桓，不克。

匈奴寇上谷、中山。

其冬，鄯善王、車師王等十六國皆遣子入侍奉獻，願請都護。〔一〕帝以中國初定，未遑外事，乃還其侍子，厚加賞賜。

〔一〕都護，宣帝置，始以鄭吉為之，秩比二千石。都，總也。言總護南北道。居烏壘城，察西域諸國動靜以聞。事見前書。

二十二年春閏月丙戌，幸長安，祠高廟，遂有事十一陵。二月己巳，至自長安。

夏五月乙未晦，日有食之。

秋七月，司隸校尉蘇鄴下獄死。

九月戊辰，地震裂。制詔曰：「日者地震，南陽尤甚。夫地者，任物至重，靜而不動者也。而今震裂，咎在君上。鬼神不順無德，災殃將及吏人，朕甚懼焉。其令南陽勿輸今年田租芻稾。遣謁者案行，其死罪繫囚在戊辰以前，減死罪一等；徒皆弛解鉗，衣絲絮。〔一〕賜郡中居人壓死者棺錢，人三千。其口賦逋稅而廬宅尤破壞者，勿收責。〔二〕吏人死亡，或在壞垣毁屋之下，而家羸弱不能收拾者，其以見錢穀取傭，爲尋求之。」

〔一〕弛，解脫也。倉頡篇曰：「鉗，鈦也。」音奇炎反。前書音義曰：「鈦，足鉗也。」音徒計反，又大蓋反。舊法，在徒役者不得衣絲絮，今赦許之。

〔二〕漢儀注曰：「人年十五至五十六出賦錢，人百二十，爲一筭。又七歲至十四出口錢，人二十，以供天子；至武帝時又口加三錢，以補車騎馬。」逋稅謂欠田租也。

冬十月壬子，大司空朱浮免。癸丑，光祿勳杜林爲大司空。

是歲，齊王章薨。青州蝗。匈奴薁鞬日逐王比〔一〕遣使詣漁陽請和親，使中郎將李茂報命。烏桓擊破匈奴，匈奴北徙，幕南地空。〔三〕詔罷諸邊郡亭候吏卒。

〔二〕薁音於六反。鞬音紀言反。比，其名也。

〔三〕前書音義曰：「沙土曰幕，即今磧也。」

二十三年春正月，南郡蠻叛，遣武威將軍劉尚討破之，徙其種人於江夏。〔一〕

〔一〕郡名，故城在今安州雲夢縣東南。

夏五月丁卯，大司徒蔡茂薨。

秋八月丙戌，大司空杜林薨。

九月辛未，陳留太守玉況爲大司徒。〔一〕

〔一〕況字文伯，京兆人。玉音肅。

冬十月丙申，太僕張純爲大司空。

高句驪率種人詣樂浪內屬。

十二月，武陵蠻叛，寇掠郡縣，遣劉尚討之，戰於沅水，〔一〕尚軍敗歿。

〔一〕武陵，郡，今朗州也。沅，水名，出牂柯，東北過臨沅縣，至長沙入洞庭湖。

是歲，匈奴薁鞬日逐王比率部曲遣使詣西河內附。

二十四年春正月乙亥，大赦天下。

匈奴薁鞬日逐王比遣使款五原塞，求扞禦北虜。

秋七月，武陵蠻寇臨沅，〔一〕遣謁者李嵩、中山太守馬成討蠻，不克，於是伏波將軍馬援率四將軍討之。

〔一〕縣名，屬武陵郡，故城在今朗州武陵縣。

詔有司申明舊制阿附蕃王法。〔一〕

〔一〕武帝時有淮南、衡山之謀，作左官之律，設附益之法。前書音義曰：「人道尚右，言捨天子，仕諸侯爲左官。左，僻也。」阿曲附益王侯者，將有重法。是爲舊制，今更申明之。

冬十月，匈奴薁鞬日逐王比自立爲南單于，於是分爲南、北匈奴。

二十五年春正月，遼東徼外貊人〔一〕寇右北平、漁陽、上谷、太原，遼東太守祭肜招降之。烏桓大人來朝。〔二〕

〔一〕貊人，穢貊國人也。貊音陌。

〔二〕大人謂渠帥也。

南單于遣使詣闕貢獻，奉蕃稱臣；又遣其左賢王擊破北匈奴，却地千餘里。三月，南單于遣子入侍。

戊申晦，日有食之。

伏波將軍馬援等破武陵蠻於臨沅。冬十月，叛蠻悉降。

夫餘王遣使奉獻。〔一〕

〔一〕夫餘國在海東，去玄菟千里餘。

是歲，烏桓大人率衆內屬，詣闕朝貢。

二十六年〔春〕正月，詔有司增百官奉。〔一〕其千石已上，減於西京舊制；六百石已下，增於舊秩。

〔一〕續漢志曰：「大將軍、三公奉月三百五十斛，秩中二千石奉月百八十斛，二千石月百二十斛，比二千石月百斛，千石月九十斛，比千石月八十斛，六百石月七十斛，比六百石月五十五斛，四百石月五十斛，比四百石月四十五斛，三百石月四十斛，比三百石月三十七斛，二百石月三十斛，比二百石月二十七斛，百石月十六斛，斗食月十一斛，佐史月八斛。凡諸受奉，錢穀各半。」奉音扶用反。

初作壽陵。〔一〕將作大匠竇融上言園陵廣袤，無慮所用。〔二〕帝曰：「古者帝王之葬，皆陶人瓦器，木車茅馬，〔三〕使後世之人不知其處。太宗識終始之義，景帝能述遵孝道，遭天下反覆，而霸陵獨完受其福，豈不美哉！〔四〕今所制地不過二三頃，無爲山陵，陂池裁令流水而已。」〔五〕

〔一〕初作陵未有名，故號壽陵，蓋取久長之義也。漢自文帝以後皆預作陵，今循舊制也。

〔二〕前書曰：「將作少府，秦官，掌宮室，景帝改爲大匠，秩二千石。」說文曰：「南北曰袤，東西曰廣。」廣雅曰：「無慮，都凡也。」謂請園陵都凡制度也。袤音茂。

〔三〕禮曰：「塗車芻靈，自古有之。」鄭玄注云：「芻靈，束茅爲人馬也。」

〔四〕謂赤眉入長安，惟霸陵不掘。

〔五〕言不起山陵，裁令封土，陂池不停水而已。陂音普何反。池音徒何反。

遣中郎將段郴授南單于璽綬，令入居雲中，〔一〕始置使匈奴中郎將，將兵衞護之。〔二〕南單于遣子入侍，奉奏詣闕。於是雲中、五原、朔方、北地、定襄、鴈門、上谷、代八郡民歸於本土。遣謁者分將施刑補理城郭。〔三〕發遣邊民在中國者，布還諸縣，皆賜以裝錢，轉輸給食。〔四〕

〔一〕郡名，在今勝州北。郴音丑林反。

〔二〕中郎將即段郴也。漢官儀曰「使匈奴中郎將屯西河美稷縣」也。

〔三〕施與弛同，解見上。

〔四〕東觀記曰：「時城郭丘墟，埽地更爲，上悔前徙之。」

二十七年夏四月戊午，大司徒玉況薨。

五月丁丑，詔曰：「昔契作司徒，禹作司空，皆無『大』名，其令二府去『大』。」〔一〕又改大司馬爲太尉。驃騎大將軍行大司馬劉隆即日罷，以太僕趙憙爲太尉，大司農馮勤爲司徒。

〔一〕朱祐奏宜令三公並去「大」名，以法經典，帝從其議。

益州郡徼外蠻夷率種人內屬。

北匈奴遣使詣武威乞和親。〔一〕

〔一〕武威，郡，故城在今涼州姑臧縣西北，故涼城是也。

冬，魯王興、齊王石始就國。

二十八年春正月己巳，徙魯王興爲北海王，以魯國益東海。賜東海王彊虎賁、旄頭、鍾虡之樂。〔一〕

〔一〕漢官儀曰：「虎賁千五百人，戴鶡尾，屬虎賁中郎將。」又云：「舊選羽林爲旄頭，被髮先駈。」魏文帝列異傳曰：「秦文公時梓樹化爲牛，以騎擊之，騎不勝，或墮地髻解被髮，牛畏之，入水，故秦因是置旄頭騎，使先駈。」爾雅曰：「木謂之虡。」所以縣鍾磬也。說文曰：「虡飾爲猛獸。」

夏六月丁卯，沛太后郭氏薨，因詔郡縣捕王侯賓客，坐死者數千人。〔一〕

〔一〕時更始子鯉因沛獻王輔殺劉盆子兄恭，故王侯賓客多坐死。

秋八月戊寅，東海王彊、沛王輔、楚王英、濟南王康、淮陽王延始就國。

冬十月癸酉，詔死罪繫囚皆一切募下蠶室，〔一〕其女子宮。〔二〕

〔一〕蠶室，宮刑獄名。宮刑者畏風，須暖，作窨室蓄火如蠶室，因以名焉。窨音一禁反。見前書音義。

〔二〕謂幽閉也。

北匈奴遣使貢獻，乞和親。

二十九年春二月丁巳朔，日有食之。遣使者舉冤獄，出繫囚。

庚申，賜天下男子爵，人二級；鰥、寡、孤、獨、篤癃、貧不能自存者粟，人五斛。

夏四月乙丑，詔令天下繫囚自殊死已下及徒各減本罪一等，其餘贖罪輸作各有差。

三十年春正月，鮮卑大人內屬，朝賀。

二月，東巡狩。甲子，幸魯，進幸濟南。閏月癸丑，車駕還宮。

有星孛于紫宮。

夏四月戊子，徙左翊王焉爲中山王。

五月，大水。

賜天下男子爵，人二級；鰥、寡、孤、獨、篤癃、貧不能自存者粟，人五斛。

秋七月丁酉，幸魯國。復濟陽縣是年傜役。冬十一月丁酉，至自魯。

三十一年夏五月，大水。

戊辰，賜天下男子爵，人二級；鰥、寡、孤、獨、篤癃、貧不能自存者粟，人六斛。

癸酉晦，日有食之。

是夏，蝗。

秋九月甲辰，詔令死罪繫囚皆一切募下蠶室，其女子宮。

是歲，陳留雨穀，形如稗實。〔一〕北匈奴遣使奉獻。

〔一〕杜預注左傳云：「稗，草之似穀者。」音蒲懈反。

中元元年春正月，東海王彊、沛王輔、楚王英、濟南王康、淮陽王延、趙王盱皆來朝。〔一〕

〔一〕盱音況于反。

丁卯，東巡狩。二月己卯，幸魯，進幸太山。北海王興、齊王石朝于東嶽。辛卯，柴望岱宗，登封太山；甲午，禪于梁父。〔一〕

〔一〕岱宗，太山也。梁父，太山下小山也。封謂聚土爲壇，墠謂除地而祭。改「墠」爲「禪」，神之也。續漢志曰：「時上御輦升山，即位於壇南，北面，尚書令奉玉牒檢，皇帝以寸二分璽親封之。藏玉牒已，復石覆訖，尚書令以五寸印封石檢畢，皇帝再拜。禪祭地于梁陰，以高后配，山川羣神從祀焉。其玉牒文祕，刻石文辭多，不載。」

三月戊辰，司空張純薨。

夏四月癸酉，車駕還宮。己卯，大赦天下。復嬴、博、梁父、奉高，〔一〕勿出今年田租芻稾。改年爲中元。

〔一〕四縣屬太山郡，故城在今兗州博城縣界。

行幸長安。戊子，祀長陵。五月乙丑，至自長安。

六月辛卯，太僕馮魴爲司空。

乙未，司徒馮勤薨。

是夏，京師醴泉涌出，〔一〕飲之者固疾皆愈，惟眇、蹇者不瘳。又有赤草生於水崖。〔二〕郡國頻上甘露。羣臣奏言：「地祇靈應而朱草萌生。〔三〕孝宣帝每有嘉瑞，輒以改元，神爵、五鳳、甘露、黃龍，列爲年紀，蓋以感致神祇，表彰德信。是以化致升平，稱爲中興。今天下清寧，靈物仍降。陛下情存損挹，推而不居，豈可使祥符顯慶，沒而無聞？宜令太史撰集，〔四〕以傳來世。」帝不納。常自謙無德，每郡國所上，輒抑而不當，故史官罕得記焉。

〔一〕尚書中候曰「俊乂在官，則醴泉出」也。

〔二〕赤草，朱草也。大戴禮曰：「朱草日生一葉，至十五日已後日落一葉，周而復始。」

〔三〕孝經援神契曰：「德至草木，即朱草生。」

〔四〕太史，史官之長也。前書音義曰：「太史公，武帝置，位在丞相之上。」

秋，郡國三蝗。

冬十月辛未，司隸校尉東萊李訢爲司徒。

甲申，使司空告祠高廟曰：「高皇帝與羣臣約，非劉氏不王。呂太后賊害三趙，〔一〕專王呂氏，賴社稷之靈，祿、產伏誅，〔二〕天命幾墜，危朝更安。呂太后不宜配食高廟，同祧至尊。薄太后母德慈仁，〔三〕孝文皇帝賢明臨國，子孫賴福，延祚至今。其上薄太后尊號曰高皇后，配食地祇。遷呂太后廟主于園，四時上祭。」〔四〕

〔一〕謂高帝子趙幽王友、趙恭王恢、趙隱王如意。

〔二〕呂產、呂祿，並呂后兄弟子。呂后崩，各擁南北軍，欲爲亂，周勃、陳平等誅之。

〔三〕薄太后，高帝姬，孝文帝之母。

〔四〕園謂塋域也，於中置寢。

十一月甲子晦，日有食之。

是歲，初起明堂、靈臺、辟雍，及北郊兆域。〔一〕宣布圖讖於天下。復濟陽、南頓是年傜役。參狼羌寇武都，敗郡兵，隴西太守劉盱遣軍救之，及武都郡兵討叛羌，皆破之。

〔一〕大戴禮云：「明堂者凡九室，一室有四戶八牖，三十六戶，七十二牖。以茅蓋上，上員下方。赤綴戶也，白綴牖也。」禮圖又曰：「建武三十一年，作明堂，上員下方。十二堂法日辰。九室法九州。室八牕，八九七十二，法一時之王。室有十二戶，法陰陽之數。」胡伯始云：「古清廟蓋以茅，今蓋以瓦，下藉茅，存古制也。」漢官儀曰：「明堂四面起土作塹，上作橋，塹中無水。明堂去平城門二里所，天子出，從平城門，先歷明堂，乃至郊祀。」又曰：「辟雍去明堂三百步。車駕臨辟雍，從北門入。三月、九月，皆於中行鄉射禮。辟雍以水周其外，以節觀者。諸侯曰泮宮。東西南有水，北無，下天子也。」漢宮閣疏曰：「靈臺高三丈，十二門。天子曰靈臺，諸侯曰觀臺。」漢官儀：「北郊壇在城西北角，去城一里所。〔謂〕〔爲〕方壇四陛，但有壇祠舍而已。其鼓吹樂及舞人御帳，皆從南郊之具。地祇位南面西上，高皇后配，西面，皆在壇上。地理羣神從食壇下。南郊焚犢，北郊埋犢。」

二年春正月辛未，初立北郊，祀后土。

東夷倭奴國王遣使奉獻。〔一〕

〔一〕倭在帶方東南大海中，依山島爲國。

二月戊戌，帝崩於南宮前殿，年六十二。〔一〕遺詔曰：「朕無益百姓，皆如孝文皇帝制度，務從約省。〔二〕刺史、二千石長吏皆無離城郭，無遣吏及因郵奏。」〔三〕

〔一〕伏侯古今注曰：「是歲在丁巳。」

〔二〕文帝葬皆以瓦器，不以金銀銅錫爲飾，因其山，不起墳。

〔三〕說文曰：「郵，境上行書舍也。」

初，帝在兵閒久，厭武事，且知天下疲耗，思樂息肩。〔一〕自隴、蜀平後，非儆急，未嘗復言軍旅。皇太子嘗問攻戰之事，帝曰：「昔衞靈公問陳，孔子不對，此非爾所及。」〔二〕每旦視朝，日仄乃罷。數引公卿、郎、將講論經理，夜分乃寐。〔三〕皇太子見帝勤勞不怠，承閒諫曰：「陛下有禹湯之明，而失黃老養性之福，〔四〕願頤愛精神，優游自寧。」帝曰：「我自樂此，不爲疲也。」雖身濟大業，兢兢如不及，故能明慎政體，總攬權綱，量時度力，舉無過事。退功臣而進文吏，戢弓矢而散馬牛，雖道未方古，斯亦止戈之武焉。〔五〕

〔一〕左傳曰：「息肩于晉。」

〔二〕論語：「衞靈公問陳於孔子。曰：『俎豆之事，則嘗聞之矣；軍旅之事，未之學也。』」

〔三〕分猶半也。

〔四〕黃帝、老子。

〔五〕左傳曰：「於文，止戈爲武也。」

論曰：皇考南頓君初爲濟陽令，以建平元年十二月甲子夜生光武於縣舍，〔一〕有赤光照室中。〔二〕欽異焉，使卜者王長占之。長辟左右〔三〕曰：「此兆吉不可言。」是歲縣界有嘉禾生，一莖九穗，因名光武曰秀。明年，方士有夏賀良者，上言哀帝，云漢家歷運中衰，當再受命。於是改號爲太初元年，稱「陳聖劉太平皇帝」，以厭勝之。及王莽篡位，忌惡劉氏，以錢文有金刀，故改爲貨泉。或以貨泉字文爲「白水眞人」。後望氣者蘇伯阿爲王莽使至南陽，遙望見春陵郭，唶曰：〔四〕「氣佳哉！鬱鬱葱葱然。」及始起兵還春陵，遠望舍南，火光赫然屬天，有頃不見。初，道士西門君惠、李守等亦云劉秀當爲天子。其王者受命，信有符乎？不然，何以能乘時龍而御天哉！〔五〕

〔一〕蔡邕光武碑文云：「光武將生，皇考以令舍不顯，開宮後殿居之而生。」

〔二〕東觀記曰：「光照堂中，盡明如晝。」

〔三〕辟音頻亦反。

〔四〕唶，歎也，音子夜反。

〔五〕易曰：「時乘六龍以御天。」

贊曰：炎正中微，大盜移國。〔一〕九縣飆回，三精霧塞。〔二〕人厭淫詐，神思反德。光武誕命，靈貺自甄。〔三〕沈幾先物，深略緯文。〔四〕尋、邑百萬，貔虎爲羣。〔五〕長轂雷野，高鋒彗雲。〔六〕英威既振，新都自焚。〔七〕虔劉庸、代，紛紜梁、趙。〔八〕三河未澄，四關重擾。〔九〕神旌乃顧，遞行天討。〔一〇〕金湯失險，車書共道。〔一一〕靈慶既啓，人謀咸贊。〔一二〕明明廟謨，赳赳雄斷。〔一三〕於赫有命，系隆我漢。〔一四〕

〔一〕漢以火德王，故曰炎正。大盜謂王莽簒位也。莊子曰：「田成子一日殺齊君而盜其國，向所謂智者，不反爲大盜積者乎？」

〔二〕九縣，九州也。飆回謂亂也。三精，日月星也。霧塞言昏昧也。精，或爲「象」。

〔三〕誕，大也。書曰：「誕膺天命。」甄，明也。靈貺謂佳氣神光之類也。

〔四〕幾者，動之微也。物，事也。沈深之幾，先見於事也。謚法：「經緯天地曰文。」

〔五〕貔，執夷，虎屬也。書曰：「如虎如貔。」言甚猛勇也。

〔六〕長轂，兵車。雷野，言其聲盛。淮南子曰：「雷以爲車輿。」彗，埽也，音祥銳反。

〔七〕王莽初封爲新都侯。史記曰，周武王伐紂，紂衣其寶玉自焚而死。莽雖被殺，滅亡與紂同，故假以言之。

〔八〕虔、劉，皆殺也。左傳曰：「虔劉我邊垂。」謂公孫述稱帝於庸、蜀，盧芳據代郡也。紛紜，謚亂也。梁謂劉永，趙謂王郎也。

〔九〕三河，河南、河北、河東也。未澄謂朱鮪等據洛（州）〔陽〕，未歸光武也。四關謂長安四塞之國。重擾謂更始已定關中，劉盆子入關殺更始，發掘諸陵也。

〔10〕周禮曰：「析羽爲旌。」稱神者，猶言神兵神筭也。詩云「乃眷西顧」，書云「天討有罪」也。

〔11〕前書曰：「金城湯池，不可攻矣。」金以諭堅，湯取其熱。光武所擊，皆失其險固也。禮記曰：「天下車同軌，書同文。」

〔12〕靈慶謂符讖也。左傳曰：「天啓之也。」人謀謂羣下勸即尊號也。易曰：「人謀鬼謀，百姓與能。」贊，助也。

〔13〕詩曰「明明天子」。淮南子曰：「運籌於廟堂之上，決勝千里之外。」赳赳，武皃也。

〔14〕於赫，歎美之詞，音烏。詩云：「有命既集。」系猶繫也。

校勘記

四七頁四行　高祖（豐）沛〔豐〕邑人　據殿本考證改。

四七頁六行　其命郡國有穀者給稟　按：「給稟」二字連下讀，注於「給稟」絕句，非。

五〇頁一〇行　故行什一之稅　按：「什」原作「十」，逕據汲本、殿本改。

五二頁一行　初罷郡國都尉官　按：刊誤謂郡有都尉，國有中尉，此但罷郡都尉，不當有「國」字。

五二頁二行　擁節　按：「擁」原作「雍」，逕據汲本、殿本改。

五二頁三行　見徒免爲庶（民）〔人〕　集解引錢大昕說，謂章懷注范史，避太宗諱，「民」字皆改爲「人」。今本仍有作「民」者，則宋以後校書者回改。然亦有不當改而妄改者。此「庶民」本當作

「庶人」，校書者不知庶民與庶人有別，而一例改之。凡律言「庶人」者，對奴婢及有罪者而言，與它處泛稱「庶民」者不同。今據錢說回改。下十一年、十二年、十三年、十四年同。

五二頁九行　公車〔司馬〕掌殿司馬門　據前書百官公卿表顏注引漢官儀補。

五三頁一三行　杜預〔注〕左傳云　按文當有「注」字，今補。

五三頁一三行　河西(太守)〔大將軍〕竇融　集解引錢大昕說，謂河西非郡名，不當有太守，當依前五年作「河西大將軍」。今據改。

五四頁一行　後改爲(高)平〔高〕　據殿本考證改。

五四頁三行　河東守守兵亦叛　按：刊誤謂案文多一「守」字。若云太守之兵，不合去「太」字。

五六頁一三行　故城在今蘭州　按：「蘭」原譌「闌」，逕改正。

五七頁五行　〔三月〕己酉幸南陽　據袁紀及通鑑補。按：通鑑考異謂上有「二月己卯」，袁紀「三月己酉，幸南陽」，以長曆考之，二月壬申朔，己酉在三月，蓋上脫「三月」二字。

五八頁八行　本或作沉水及沅水者並非　按：「沅」殿本、集解本作「沇」。

五八頁一四行　幷幷州　按：王先謙謂「幷州」下疑脫「涼州」二字，說詳集解。

五九頁四行　黃龍見東阿　按：袁紀「東阿」作「河東」。

五九頁一二行　冬十一月戊寅至辛巳吳漢屠成都　續天文志云十一月丁丑，漢護軍將軍高午刺述洞其朐，其夜死。明日，漢入屠蜀城。而此云戊寅，述被創，夜死，辛巳，吳漢屠成都。按：戊寅至辛巳四日，丁丑次日卽戊寅，志明云明日漢入屠蜀城，公孫述傳亦云其夜死，明旦岑降，吳漢傳亦云旦日城降，則「戊寅」當從續志作「丁丑」，「辛巳」又爲「戊寅」之譌。

六〇頁九行 鉗釱 按：「釱」原譌「鈦」，逕據汲本、殿本改正。

六一頁八行 庚午以殷紹嘉公孔安爲宋公 按：建武十三年二月庚寅朔，無庚午，疑「庚午」爲「庚子」或「庚戌」之譌。又查是年三月庚申朔，有庚午，或下文「三月」二字當移於此。

六一頁九行 周承休公姬(常)〔武〕爲衞公 集解引惠棟說，謂前書恩澤侯表姬常於建武二年爲周承休侯，五年，侯武嗣，十三年，更爲衞公，然則「姬常」當作「姬武」也。今據改。

六一頁九行 省幷西京十三國 按：錢大昕謂「三」字衍，說詳下。

六一頁一〇行 淄川屬高密 按：集解引錢大昕說，謂續志北海國下云建武十三年省淄川、高密、膠東三國，以其縣屬。蓋其時以高密四縣封鄧禹，膠東六縣封賈復，故不立王國而並屬之北海，高密與淄川同在省幷之內，非以淄川屬高密也。志又稱世祖省幷郡國十，今幷高密計之，正合十國之數，乃知紀云十三國者，誤衍「三」字，而「淄川」下又衍「屬」字耳。

六二頁一四行 故城在今瀛州樂(府)〔壽〕縣西北 據刊誤及殿本考證改。

六三頁八行 罇彝之屬也 按：「罇」原譌「鐏」，逕改正。

六四頁九行—一二行　丁未有星孛於昴　丁未有星孛於營室　按：集解引錢大昕說，謂「丁未」重出，當有一誤，以天文志證之，似下「丁未」誤也。

六四頁一二行　置常〔山〕關　據刊誤補。

六五頁九行　必（有）〔以〕衆大之辭言之　據刊誤改，與今公羊傳合。

六五頁一三行　上至高祖　按：僞孔傳「至」作「自」。

六七頁一四行　二月乙（亥）〔未〕晦　據集解引錢大昕、惠棟說改。按：是年三月丙申朔，作「乙未」是。

六八頁四行　夏四月乙卯　按：是年四月丙寅朔，無乙卯，此誤。下云「五月乙卯，車駕還宮」。是年五月乙未朔，有乙卯，不誤。

六八頁六行　屬南〔陽〕郡　據殿本考證補。

六九頁七行　夏四月（甲戌）〔癸酉〕車駕還宮　據殿本考證改。

六九頁一〇行　（癸酉）〔甲戌〕詔曰　據殿本考證改。按：萬松齡謂「癸酉」移前，「甲戌」移後，寫者誤倒耳。

六九頁一三行　（戊）〔甲〕申幸河內　據殿本考證改。按：是年夏四月庚申朔，下文云「戊子至自河內」，明此「戊申」乃「甲申」之誤。

七〇頁八行　始祠昭帝元帝於太廟　按：集解引錢大昕說，謂祭祀志是年雒陽高廟四時加祭孝宣、孝元，凡五帝，此云「昭帝」，誤。

七〇頁一〇行　光武第雖十二　「第」原作「弟」，弟第古字通用，今改歸一律，後如此不悉出校記。

七〇頁一〇行　於哀帝爲諸父於平帝爲祖父　按：李慈銘謂哀帝、平帝皆元帝庶孫，兄弟行也，光武於成帝爲兄弟，則於平帝亦爲諸父，非祖父。　注引漢官儀皆謬。

七〇頁一二行　然則宣帝爲(曾)祖　按：刊誤謂案世數宣帝於光武猶是祖，此多一「曾」字。今據刪。

七一頁五行　母貴則子(何以)貴　據刊誤補，與公羊傳合。

七三頁二行　鄯善王車師王等十六國　按：西域傳「十六國」作「十八國」，袁紀作「鄯善王安、莎車王賢等十六國」。

七四頁四行　制詔曰　按：刊誤謂多一「制」字。

七四頁六行　徒皆弛解鉗　按：李慈銘謂以注文詳之，此當衍一「解」字，脫一「釱」字。

七六頁一〇行　寇右北平漁陽上谷太原　按：集解引陳景雲說，謂「太原」二字非衍卽誤。　貊人入寇東邊諸郡，不能西至太原內地也。

七六頁一三行　大人謂渠帥也　殿本「大人」作「烏桓」。　按：校補謂當作「大人，烏桓謂渠帥也」，互脫二字。

七七頁八行　二十六年(春)正月　據汲本、殿本補。

七九頁四行　驃騎大將軍行大司馬劉隆即日罷　刊誤謂兩漢稱「行」者皆云行某官事，明此少一「事」字。今按：范書稱行某官事往往省一「事」字，非必脫文，後如此不悉出。

八一頁五行　幸魯國　按：刊誤謂它處皆不言國，明此多一「國」字。

八一頁五行　冬十一月丁酉至自魯　汲本、集解本「丁酉」作「乙酉」。按：是年十一月丁未朔，無丁酉、乙酉，疑「己酉」之誤。

八一頁一三行　中元元年　按：中元非年號，刊誤及補注並謂應冠「建武」二字。

八四頁一三行　（謂）〔爲〕方壇四陛　據刊誤改。按：爲謂古通作。

八四頁一三行　皆徙南郊之具　按：汲本、殿本「徙」作「從」。

八四頁一五行　東夷倭奴國王遣使奉獻　按：「王」原作「主」，逕據汲本、殿本改。

八五頁二行　年六十二　按：惠棟補注引蔣杲說，謂光武以二十八歲起兵，中更始二年，建武三十一年，中元二年，則崩時乃六十三歲。祭祀志封禪刻石文已云「在位三十二年，年六十二」，則崩年六十三無疑矣。此「二」字疑傳寫誤也。

八五頁三行　無遺吏及因郵奏　按：刊誤謂多一「無」字，蓋凡弔喪及赴葬，皆遣吏及因郵也。

八六頁六行　於是改號爲太初元年　按：沈家本謂「太初」下當有「元將」二字，事詳前書。

八七頁一行　炎正中微　按：校補謂文選「正」作「政」。

八七頁一行　光武誕命　按：校補謂文選「光武」作「世祖」。

八七頁二行　高鋒彗雲　文選「鋒」作「旗」。按：校補謂觀李注引東都主人曰「戈鋋彗雲」，則「旗」仍「鋒」之譌。

八七頁四行　明明廟謨　按：校補謂文選「謨」作「謀」。

八七頁五行　系隆我漢　按：校補謂文選作「系我皇漢」。又按：集解引錢大昕說，謂尉宗宋人，不應有「我漢」之稱，此必沿東觀舊文。

八七頁一一行　言甚猛勇也　按：汲本「甚」作「其」。

八七頁一六行　謂朱鮪等據洛(州)〔陽〕　按：張森楷校勘記謂時無洛州，「州」當是「陽」之誤。今據改。

後漢書卷二

顯宗孝明帝紀第二

顯宗孝明皇帝諱莊，〔一〕光武第四子也。母陰皇后。帝生而豐下，〔二〕十歲能通春秋，光武奇之。建武十五年封東海公，十七年進爵爲王，十九年立爲皇太子。師事博士桓榮，學通尚書。

〔一〕謚法曰：「照臨四方曰明。」伏侯古今注曰：「莊之字曰嚴。」

〔二〕杜預注左傳云：「豐下，蓋面方也。」東觀記云：「帝豐下兌上，項赤色，有似於堯。」

中元二年二月戊戌，卽皇帝位，年三十。尊皇后曰皇太后。

三月丁卯，葬光武皇帝於原陵。〔一〕有司奏上尊廟曰世祖。

〔一〕帝王紀曰：「原陵方三百二十步，高六丈，在臨平亭東南，去洛陽十五里。」

夏四月丙辰，詔曰：「予末小子，奉承聖業，夙夜震畏，不敢荒寧。先帝受命中興，德侔帝王，協和萬邦，假於上下，〔一〕懷柔百神，惠於鰥寡。〔二〕朕承大運，繼體守文，〔三〕不知稼稽之艱難，懼有廢失。聖恩遺戒，顧重天下，以元元爲首。公卿百僚，將何以輔朕不逮？其賜天下男子爵，人二級；〔四〕三老、孝悌、力田人三級；〔五〕爵過公乘，得移與子若同產、同產子；〔六〕及流人無名數欲自占者人一級；〔七〕鰥、寡、孤、獨、篤癃粟，人十斛。其弛刑及郡國徒，在中元元年四月己卯赦前所犯而後捕繫者，悉免其刑。又邊人遭亂爲內郡人妻，在己卯赦前，一切遣還邊，恣其所樂。中二千石下至黃綬，〔八〕貶秩贖論者，悉皆復秩還贖。方今上無天子，下無方伯，〔九〕若涉淵水而無舟楫。夫萬乘至重而壯者慮輕，〔一〇〕實賴有德左右小子。〔一一〕高密侯禹元功之首，東平王蒼寬博有謀，並可以受六尺之託，臨大節而不撓。〔一二〕其以禹爲太傅，蒼爲驃騎將軍。太尉憙告謚南郊，〔一三〕司徒訢奉安梓宮，〔一四〕司空魴將校復土。〔一五〕其封憙爲節鄉侯，訢爲安鄉侯，魴爲楊邑侯。」

〔一〕假，至也。音格。

〔二〕懷，安也。柔，和也。禮曰「凡山林能興雲致雨者皆曰神，有天下者祭百神」，懷柔百神也。書曰：「惠于鰥寡。」

〔三〕創基之主，則尚武功以定禍亂；其次繼體而立者，則守文德。穀梁傳曰：「承明繼體，則守文之君也。」

〔四〕前書音義曰：「男子者，謂戶內之長也。」商鞅爲秦制爵二十級：一，公士；二，上造；三，簪褭；四，不更；五，大夫；六，官大夫；七，公大夫；八，公乘；九，五大夫；十，左庶長；十一，右庶長；十二，左更；十三，中更；十四，右更；十五，少上造；十六，大上造；十七，駟車庶長；十八，大庶長；十九，關內侯；二十，徹侯。人賜爵者，有罪得贖，貧者得賣與人。

〔五〕三老、孝悌、力田，三者皆鄉官之名。三老，高帝置，孝悌、力田，高后置，所以勸導鄉里，助成風化也。文帝詔曰：「孝悌，天下之大順也。力田，爲生之本也。三老，衆人之師也。其以戶口率置員。」事見前書。

〔六〕漢制，賜爵自公士已上不得過公乘，故過者得移授也。同產，同母兄弟也。

〔七〕無名數謂無文簿也。占謂自歸首也。

〔八〕漢制，二百石以上銅印黃綬也。

〔九〕公羊傳曰：「上無天子，下無方伯。」此制引以爲謙也。

〔一〇〕帝謙言年尚少壯，思慮輕淺，故須賢人輔弼。

〔一一〕賴，恃也。左右，助也。

〔一二〕六尺謂年十五已下。大節謂大事。撓，屈也。音女孝反。

〔一三〕趙憙也。應劭風俗通曰：「禮，臣子無爵謚君父之義也，故羣臣累其功美，葬日，遣太尉於南郊告天而謚之。」

〔一四〕李訢也。梓宮，以梓木爲棺。風俗通曰：「宮者，存時所居，緣生事死，因以爲名。」

〔一五〕馮魴也。將校謂將領五校兵以穿壙也。前書音義曰：「復土，主穿壙填塞事也。言下棺訖，復以土爲墳，故言復土。」

秋九月，燒當羌寇隴西，敗郡兵於允街。〔一〕赦隴西囚徒，減罪一等，勿收今年租調。又所發天水三千人，亦復是歲更賦。〔二〕遣謁者張鴻討叛羌於允吾，〔三〕鴻軍大敗，戰歿。冬十一月，遣中郎將竇固監捕虜將軍馬武等二將軍討燒當羌。

〔一〕允街，縣名也，允音鉛，街音佳，屬金城郡，故城在今涼州昌松縣東南。城臨麗水，一名麗水城。

〔二〕更謂戍卒更相代也。賦謂雇更之錢也。前書音義曰：「更有三品：有卒更，有踐更，有過更。古正卒無常，人皆當迭爲之。（有）一月一更，是爲卒更。貧者欲得雇更錢，次直者出錢雇之，月二千，是爲踐更。古者天下人皆當戍邊三日，亦名爲更。不可人人自行三日戍，當行者不可往卽還，因住一歲，次直者出錢三百雇之，謂之過更。」

〔三〕允吾，縣名，屬金城郡，故城在今蘭州廣武縣西南。允音沿。吾音牙。

十二月甲寅，詔曰：「方春戒節，人以耕桑。其勑有司務順時氣，使無煩擾。〔一〕天下亡命殊死以下，聽得贖論：死罪入縑二十匹，右趾至髡鉗城旦舂十匹，〔二〕完城旦舂至司寇作三匹。〔三〕其未發覺，詔書到先自告者，半入贖。今選舉不實，邪佞未去，權門請託，殘吏放手，〔四〕百姓愁怨，情無告訴。有司明奏罪名，幷正舉者。〔五〕又郡縣每因徵發，輕爲姦利，詭責羸弱，先急下貧。其務在均平，無令枉刻。」

〔一〕禮記：「孟春之月，布德和令，行慶施惠。仲春，無作大事，以妨農事。」

〔二〕前書音義曰：「右趾謂刖其右足，次刖左足，次劓，次黥，次髡鉗爲城旦舂。城旦者，晝日伺寇虜，夜暮築長城。舂者，婦人犯罪，不任軍役之事，但令舂以食徒者。」

〔三〕完者，謂不加髡鉗而築城也。次鬼薪、白粲，次隸臣妾，次（作）司寇（作）。

〔四〕放手謂貪縱爲非也。

〔五〕舉非其人，並正舉主之罪。

永平元年春正月，帝率公卿已下朝於原陵，如元會儀。〔一〕

〔一〕漢官儀曰：「古不墓祭。秦始皇起寢於墓側，漢因而不改。諸陵寢皆以晦、望、二十四氣、三伏、社、臘及四時上飯。其親陵所宮人，隨鼓漏理被枕，具盥水，陳莊具。天子以正月上原陵，公卿百官及諸侯王、郡國計吏皆當軒下，占其郡國穀價，四方改易，欲先帝魂魄聞之也。」元會儀見下。

夏五月，太傅鄧禹薨。

戊寅，東海王彊薨，遣司空馮魴持節視喪事，賜升龍旄頭、鸞輅、龍旂。〔一〕

〔一〕旄頭，見光武紀。鸞，鈴也，在鑣。交龍爲旂，唯天子用之，今特賜以葬。

六月乙卯，葬東海恭王。

秋七月，捕虜將軍馬武等與燒當羌戰，大破之。募士卒戍隴右，賜錢人三萬。

八月戊子，徙山陽王荆爲廣陵王，遣就國。

是歲，遼東太守祭肜使鮮卑擊赤山烏桓，大破之，斬其渠帥。〔一〕越嶲姑復夷叛，〔二〕州郡討平之。

〔一〕赤山在遼東西北數千里。

〔二〕姑復，縣名。

二年春正月辛未，宗祀光武皇帝於明堂，帝及公卿列侯始服冠冕、衣裳、玉佩、絇屨以行事。〔一〕禮畢，登靈臺。使尚書令持節詔驃騎將軍、三公曰：「今令月吉日，宗祀光武皇帝於明堂，以配五帝。〔二〕禮備法物，樂和八音，詠祉福，舞功德，〔三〕（其）班時令，勑羣后。〔四〕事畢，升靈臺，望元氣，吹時律，觀物變。〔五〕羣僚藩輔，宗室子孫，衆郡奉計，百蠻貢職，〔六〕烏桓、濊貊咸來助祭，單于侍子、骨都侯亦皆陪位。斯固聖祖功德之所致也。朕以闇陋，奉承大業，親執珪璧，恭祀天地。〔七〕仰惟先帝受命中興，撥亂反正，以寧天下，〔八〕封泰山，建明堂，立辟雍，起靈臺，恢弘大道，被之八極；〔九〕而胤子無成康之質，羣臣無呂旦之謀，〔一〇〕盥洗進爵，踧踖惟慙。〔一一〕素性頑鄙，臨事益懼，故『君子坦蕩蕩，小人長戚戚』。〔一二〕其令天下自殊死已下，謀反大逆，皆赦除之。百僚師尹，其勉修厥職，順行時令，敬若昊天，以綏兆人。」〔一三〕

〔一〕漢官儀曰：「天子冠通天，諸侯王冠遠遊，三公、諸侯冠進賢三梁，卿、大夫、尚書、二千石、博士冠兩梁，（二）千石已下至小吏冠一梁。天子、公、卿、特進、諸侯祀天地明堂，皆冠平冕，天子十二旒，三公、九卿、諸侯七，其纓各如其綬色，玄衣纁裳。」周禮曰：「王祀昊天上帝則服大裘而冕，祀五帝亦如之。」三禮圖曰：「冕以三十升布漆而爲之，廣八寸，長尺六寸，前圓後方，前下後高，有俛伏之形，故謂之冕。欲人之位彌高而志彌下，故以名焉。」董巴輿服志曰：「顯宗初服冕衣裳以祀天地。衣裳以玄上纁下，乘輿備文日月星辰十二章，三公、諸侯用山龍九章，卿已下用華蟲七章，皆五色采。乘輿刺繡，公卿已下皆織成。陳留襄邑獻之。」徐廣車服注曰：「漢明帝案古禮備其服章，天子郊廟衣皁上絳下，前三幅，後四幅，衣畫而裳繡。」禮記曰：「古之君子必佩玉，君子於玉比德焉。天子佩白玉，公侯佩山玄玉，大夫佩水蒼玉，世子佩瑜玉。」周禮屨人「掌王赤舄青絇」。鄭玄注云：「赤舄，爲上冕服之舄也。絇屨，鼻頭以青絲飾之。」絇音劬。三禮圖曰：「屨複下曰舄，其色各隨裳色。」

〔二〕五經通義曰：「蒼帝靈威仰，赤帝赤熛怒，黄帝含樞紐，白帝白招矩，黑帝(汁)〔叶〕光紀。牲幣及玉，各依方色。」

〔三〕祉亦福也。詠謂詩云「降福穰穰」之類。景帝詔曰：「歌者所以發德，舞者所以明功。」

〔四〕班，布也。時令謂月令也。四時各有令，若有乖舛，必致妖灾，故告之。

〔五〕元氣，天氣也。王者承天心，理禮樂，通上下四時之氣也，故望之焉。時律者，卽月令「孟春律中太蔟，仲春律中夾鍾」之類。大戴禮曰：「聖人截十二管，察八音之清濁，謂之律呂。律呂不正則諸氣不和。」周禮保章氏：「以五雲之色，辨吉凶、水旱、豐荒之祲象。」鄭司農注云：「以二至二分觀雲色，青爲蟲，白爲喪，赤爲兵荒，黑爲水，黄爲豐。故春秋傳曰『凡分至啓閉必書雲物，爲備故也』。」杜預注云：「物謂氣色灾變也。」

〔六〕奉計謂計吏也。詩曰：「因時百蠻。」百言衆多也。獨言蠻，通四夷。

〔七〕周禮曰：「四圭尺有二寸，以祀天。」又曰：「以蒼璧禮天，以黄琮禮地，以青圭禮東方，以赤璋禮南方，以白琥禮西方，以玄璜禮北方。」

〔八〕撥，理也。公羊傳曰：「撥亂世反之正，莫近於春秋。」

〔九〕淮南子曰：「九州之外有八寅，八寅之外有八紘，八紘之外有八極。」

〔一〇〕明帝自謂無〔成康之質〕。成康之時，刑措不用四十餘年。

〔一一〕鄭玄注論語云：「踧踖，敬恭貌。」盥音管。

〔一二〕坦蕩，明達之貌。戚戚，常憂懼也。

〔一三〕若，順也。

三月，臨辟雍，初行大射禮。〔一〕

〔一〕儀禮（曰）大射之禮，王將祭射宮，擇士以助祭也。張虎侯、熊侯、豹侯，其制若今之射的矣。謂之爲侯者，天子射中之，可以服諸侯也。天子侯中一丈八尺，畫以雲氣焉。王以六耦射三侯，樂以騶虞九節；諸侯以四耦射二侯，樂以貍首七節；孤卿、大夫以三耦射一侯，樂以采蘋五節；士以二耦射豻侯，樂以采蘩三節。

秋九月，沛王輔、楚王英、濟南王康、淮陽王延、東海王政來朝。

冬十月壬子，幸辟雍，初行養老禮。詔曰：「光武皇帝建三朝之禮，而未及臨饗。〔一〕眇眇小子，屬當聖業。〔二〕閒暮春吉辰，初行大射；令月元日，〔三〕復踐辟雍。尊事三老，兄事五更，安車輭輪，供綏執授。侯王設醬，公卿饌珍，朕親袒割，執爵而酳。〔四〕祝哽在前，祝饐在後。〔五〕升歌鹿鳴，下管新宮，〔六〕八佾具脩，萬舞於庭。〔七〕朕固薄德，何以克當？易陳負乘，詩刺彼己，〔八〕永念慙疚，無忘厥心。三老李躬，年耆學明。五更桓榮，授朕尚書。詩曰：『無德不報，無言不酬。』〔九〕其賜榮爵關內侯，食邑五千戶。三老、五更皆以二千石祿養終厥身。其賜天下三老酒人一石，肉四十斤。有司其存耆耋，〔一〇〕恤幼孤，惠鰥寡，稱朕意焉。」

〔一〕三朝之禮謂中元元年初起明堂、辟雍、靈臺也。

〔二〕尚書康王曰：「眇眇予末小子。」孔安國注云：「眇眇猶微微也。」

〔三〕東觀記曰：「十月元日。」

〔四〕孝經援神契曰：「尊事三老，父象也。」宋均注曰：「老人知天地之事者。」安車，坐乘之車；輭輪，以蒲裹輪。輭音而兗反。三老就車，天子親執綏授之。說文：「綏，車中把也。」五更，老人知五行更代事者。漢官儀曰：「三老、五更，皆取有首妻男女全具者。」續漢志曰：「養三老、五更，先吉日，司徒上太傅若講師故三公人名，用其德行年耆高者，三公一人爲三老，次卿一人爲五更，皆服絺紵大袍單衣，皁緣領袖中衣，冠進賢，扶(玉)〔王〕杖。五更亦如之，不杖。皆齋于太學講堂。其日乘輿先到辟雍禮殿，坐于東廂，遣使者安車迎三老、五更，天子迎于門屏，交拜，導自阼階。三老自賓階升，東面。三公設几杖。九卿正履。天子親袒割俎，執醬而饋，執爵而酳。五更南面，三公進供，禮亦如之。明日皆詣闕謝，以其於己禮太隆也。」醬，醢也。珍謂肴羞之屬，即周禮「八珍」之類。鄭玄注儀禮云：「酳，漱也，所以潔口。」音胤。

〔五〕老人食多哽噎，故置人於前後祝之，令其不哽噎也。

〔六〕鹿鳴，詩小雅篇名也。新宮，小雅逸篇也。升，登也。登堂而歌，所以重人聲也。燕禮曰：「升歌鹿鳴，下管新宮。」

〔七〕佾，列也。謂舞者行列也。左氏傳曰：「天子八佾，諸侯六，大夫四，士二。夫舞，所以節八音而行八風，故自八以下。」萬亦舞也。詩云：「公庭萬舞。」

〔八〕易曰：「負且乘，致寇至。」負也者，小人之事也。乘也者，君子之器也。小人而乘君子之器，盜思奪之矣。詩曰「彼己之子，不稱其服」也。

〔九〕詩大雅也。

〔一〇〕禮記曰，六十曰耆，七十曰耋。釋名曰：「耆，指也，不從力役，指事使人也。耋，鐵也，皮膚變黑色如鐵也。」

中山王焉始就國。

甲子，西巡狩，幸長安，祠高廟，遂有事於十一陵。歷覽館邑，會郡縣吏，勞賜作樂。十一月甲申，遣使者以中牢祠蕭何、霍光。帝謁陵園，過式其墓。〔一〕進幸河東，所過賜二千石、令長已下至於掾史，各有差。〔二〕癸卯，車駕還宮。

〔一〕東觀漢記曰：「蕭何墓在長陵東司馬門道北百步。」又云：「霍光墓在茂陵東司馬門道南四里。」式，敬也。禮記曰：「行過墓必式。」

〔二〕續漢志曰：「郡國及縣，諸曹皆置掾史。」

十二月，護羌校尉竇林下獄死。

是歲，始迎氣於五郊。〔一〕少府陰就子豐殺其妻酈邑公主，就坐自殺。〔二〕

〔一〕續漢書曰：「迎氣五郊之兆。四方之兆各依其位。中央之兆在未，壇皆〔二〕〔三〕尺。立春之日，迎春於東郊，祭青帝句芒，車服皆青，歌青陽，八佾舞雲翹之舞。立夏之日，迎夏於南郊，祭赤帝祝融，車服皆赤，歌朱明，八佾舞雲翹之舞。先立秋十八日，迎黃靈於中兆，祭黃帝后土，車服皆黃，歌朱明，八佾舞雲翹、育命之舞。立秋之日，迎秋於西郊，祭白帝蓐收，車服皆白，歌白藏，八佾舞育命之舞。立冬之日，迎冬於北郊，祭黑帝玄冥，車服皆黑，歌玄冥，八佾舞育命之舞。」

〔二〕酈，縣，屬南陽郡。酈音櫟。

三年春正月癸巳，詔曰：「朕奉郊祀，登靈臺，見史官，正儀度。〔一〕夫春者，歲之始也。始得其正，則三時有成。〔二〕比者水旱不節，邊人食寡，政失於上，人受其咎。有司其勉順時氣，勸督農桑，去其螟蜮，以及蝥賊；〔三〕詳刑愼罰，明察單辭，〔四〕夙夜匪懈，以稱朕意。」

〔一〕儀謂渾儀，以銅爲之，置於靈臺，王者正天文之器也。度謂日月星辰之行度也。史官卽太史，掌天文之官也。

〔二〕正謂日月五星不失其次也。三時謂春、夏、秋。左傳曰：「務其三時。」

〔三〕爾雅曰：「食苗心曰螟，食節曰賊，食根曰蝥。」蜮一名短弧，今之水弩，含沙射人爲災。言此者，欲令臣下順時行政，勿侵擾也。

〔四〕單辭猶偏辭也。

二月甲寅，太尉趙憙、司徒李訢免。丙辰，左馮翊郭丹爲司徒。己未，南陽太守虞延爲太尉。

甲子，立貴人馬氏爲皇后，皇子炟〔一〕爲皇太子。賜天下男子爵，人二級；三老、孝悌、力田人三級；流人無名數欲占者人一級；鰥、寡、孤、獨、篤癃、貧不能自存者粟，人五斛。

〔一〕音丁達反。

夏四月辛酉，封皇子建爲千乘王，〔一〕羨爲廣平王。

〔一〕千乘，國名，今青州縣，故城在今淄州高苑北。

六月丁卯，有星孛于天船北。〔一〕

〔一〕天船，星名。續漢志曰：「天船爲水，彗出之爲大水。是歲，伊、洛水溢到津城門。」伏侯古今注曰：「彗長三尺所，見三十五日乃去。」

秋八月戊辰，改大樂爲大予樂。〔一〕

〔一〕尙書琁機鈐曰「有帝漢出，德洽作樂名予」，故據琁機鈐改之。漢官儀曰：「大予樂令一人，秩六百石。」

壬申晦，日有蝕之。詔曰：「朕奉承祖業，無有善政。日月薄蝕，彗孛見天，水旱不節，稼穡不成，人無宿儲，下生愁墊。〔一〕雖夙夜勤思，而智能不逮。昔楚莊無災，以致戒懼；〔二〕魯哀禍大，天不降譴。〔三〕今之動變，儻尙可救。有司勉思厥職，以匡無德。古者卿士獻詩，百工箴諫。〔四〕其言事者，靡有所諱。」

〔一〕儲，積也。墊，溺也，音丁念反。

〔二〕說苑曰：「楚莊王見天不見妖而地不出孽，則禱于山川曰：『天其忘余歟？』此能求過于天，必不逆諫矣。」

〔三〕春秋感精符曰：「魯哀公時，政彌亂絕，不日食。政亂之類，當致日食之變，而不應者，譴之何益，告之不悟，故哀公之篇絕無日食之異。」

〔四〕國語曰：「天子聽政，公卿至于庶士獻詩，師箴，百工諫，庶人傳語，近臣盡規，而後王斟酌事焉。」

冬十月，蒸祭光武廟，〔一〕初奏文始、五行、武德之舞。〔二〕

〔一〕禮記曰：「冬祭曰蒸。」蒸，衆也。冬物畢成，可祭者衆。

〔二〕前書曰，文始舞者，本舜韶舞也，高祖六年更名曰文始，其舞人執羽籥。五行者，本周舞也，秦始皇二十六年更名曰五行，其舞人冠冕衣服法五行色。武德者，高祖四年作，言行武以除亂也，其舞人執干戚。光武草創，禮樂未備，今始奏之，故云初也。

甲子，車駕從皇太后幸章陵，觀舊廬。十二月戊辰，至自章陵。

是歲，起北宮及諸官府。京師及郡國七大水。

四年春二月辛亥，詔曰：「朕親耕藉田，以祈農事。〔一〕京師冬無宿雪，春不燠沐，〔二〕煩勞羣司，積精禱求。〔三〕而比再得時雨，宿麥潤澤。其賜公卿半奉。有司勉遵時政，務平刑罰。」

〔一〕禮記曰：「天子親耕于東郊，爲藉田千畝，冕而朱紘，躬秉耒耜。」五經要義曰：「天子藉田，以供上帝之粢盛，所以先百姓而致孝敬也。藉，蹈也。言親自蹈履于田而耕之。」續漢志云：「正月始耕，既事，告祠先農。」漢舊儀曰：「先農即神農炎帝也。祠以太牢，百官皆從。皇帝親執耒耜而耕。天子三推，三公五，孤卿七，大夫十二，士庶人終畝。乃致藉田倉，置令丞，以給祭天地宗廟，以爲粢盛。」

〔二〕燠，暖也，音於六反。沐，潤澤也。言無暄潤之氣也。

〔三〕積精猶儲積也。說文云：「告事求福曰禱。」

秋九月戊寅，千乘王建薨。

冬十月乙卯，司徒郭丹、司空馮魴免。丙辰，河南尹范遷爲司徒，太僕伏恭爲司空。

十二月，陵鄉侯梁松下獄死。〔一〕

〔一〕坐縣飛書誹謗。

五年春二月庚戌，驃騎將軍東平王蒼罷歸藩；琅邪王京就國。

冬十月，行幸鄴。與趙王栩會鄴。常山三老言於帝曰：「上生於元氏，願蒙優復。」詔曰：「豐、沛、濟陽，受命所由，加恩報德，適其宜也。今永平之政，百姓怨結，而吏人求復，令人愧笑。重逆此縣之拳拳，〔一〕其復元氏縣田租更賦六歲，勞賜縣掾史，及門闌走卒。」〔二〕至自鄴。

〔一〕重，難也。拳拳猶勤勤也。禮記曰：「得一善則拳拳服膺而不息。」

〔三〕續漢志曰：「五伯、鈴下、侍閤、門闌部署、街里走卒，皆有程品，多少隨所典領。」

十一月，北匈奴寇五原；十二月，寇雲中，南單于擊却之。

是歲，發遣邊人在內郡者，賜裝錢人二萬。

六年春正月，沛王輔、楚王英、東平王蒼、淮陽王延、琅邪王京、東海王政、趙王盱、北海王興、齊王石來朝。

二月，王雒山出寶鼎，〔一〕廬江太守獻之。夏四月甲子，詔曰：「昔禹收九牧之金，鑄鼎以象物，使人知神姦，不逢惡氣。〔二〕遭德則興，遷于商、周；周德既衰，鼎乃淪亡。〔三〕祥瑞之降，以應有德。方今政化多僻，何以致茲？易曰鼎象三公，〔四〕豈公卿奉職得其理邪？太常其以礿祭之日，〔五〕陳鼎於廟，以備器用。賜三公帛五十匹，九卿、二千石半之。先帝詔書，禁人上事言聖，而閒者章奏頗多浮詞，自今若有過稱虛譽，尚書皆宜抑而不省，示不爲諂子蚩也。」

〔一〕「雒」或作「雄」。

〔二〕夏禹之時，令遠方圖畫山川奇異之物，使九州之牧貢金鑄鼎以象之，令人知鬼神百物之形狀而備之，故人入山林川澤，魑魅罔兩莫能逢之。惡氣謂罔兩之類。事見左傳。

〔三〕史記曰，周鼎亡入泗水中，秦始皇過彭城，齋戒，欲出周鼎於泗水，使千人沒水求之，不得。

〔四〕易曰：「鼎折足，覆公餗。」

〔五〕禮記曰「夏祭曰礿」，音藥。礿，薄也。夏物未成，祭尙薄。

冬十月，行幸魯，祠東海恭王陵；會沛王輔、楚王英、濟南王康、東平王蒼、淮陽王延、琅邪王京、東海王政。十二月，還，幸陽城，遣使者祠中岳。壬午，車駕還宮。東平王蒼、琅邪王京從駕來朝皇太后。

七年春正月癸卯，皇太后陰氏崩。二月庚申，葬光烈皇后。

秋八月戊辰，北海王興薨。

是歲，北匈奴遣使乞和親。

八年春正月己卯，司徒范遷薨。〔一〕三月辛卯，太尉虞延爲司徒，衞尉趙憙行太尉事。

〔一〕漢官儀曰，遷字子閭，沛人也。

遣越騎司馬鄭衆報使北匈奴。初置度遼將軍，屯五原曼柏。〔二〕

〔一〕〔武〕〔昭〕帝拜范明友爲度遼將軍，至此復置焉。以中郎將吳常行度遼將軍。曼柏，縣，在今勝州銀城縣。

秋，郡國十四雨水。

冬十月，北宮成。

丙子，臨辟雍，養三老、五更。禮畢，詔三公募郡國中都官死罪繫囚，減罪一等，勿笞，詣度遼將軍營，屯朔方、五原之邊縣；妻子自隨，便占著邊縣；〔一〕父母同產欲相代者，恣聽之。其大逆無道殊死者，一切募下蠶室。亡命者令贖罪各有差。凡徙者，賜弓弩衣糧。

〔一〕占著謂附名籍。

壬寅晦，日有食之，既。〔一〕詔曰：「朕以無德，奉承大業，而下貽人怨，上動三光。日食之變，其災尤大，春秋圖讖所爲至譴。〔二〕永思厥咎，在予一人。羣司勉修職事，極言無諱。」於是在位者皆上封事，各言得失。〔三〕帝覽章，深自引咎，乃以所上班示百官。詔曰：「羣僚所言，皆朕之過。人寃不能理，吏黠不能禁；而輕用人力，繕修宮宇，出入無節，喜怒過差。昔應門失守，關雎刺世；〔四〕飛蓬隨風，微子所歎。〔五〕永覽前戒，竦然兢懼。徒恐薄德，久而致怠耳。」

〔一〕既，盡也。

〔二〕春秋感精符曰：「人主含天光，據機衡，齊七政，操八極。」故君明聖，天道得正，則日月光明，五星有度。日明則道正，不明則政亂，故常戒以自勑厲。日食皆象君之進退爲盈縮。當春秋撥亂，日食三十六，故曰至譴也。

〔三〕宣帝始令羣臣得奏封事，以知下情。封有正有副，領尚書者先發副封，所言不善，屏而不奏；後魏相奏去副封，以防擁蔽。

〔四〕春秋說題辭曰：「人主不正，應門失守，故歌關雎以感之。」宋均注曰：「應門，聽政之處也。言不以政事爲務，則有宣淫之心。關雎樂而不淫，思得賢人與之共化，修應門之政者也。」薛君韓詩章句曰：「詩人言雎鳩貞絜愼匹，以聲相求，隱蔽于無人之處。故人君退朝，入于私宮，后妃御見有度，應門擊柝，鼓人上堂，退反宴處，體安志明。今時大人內傾于色，賢人見其萌，故詠關雎，說淑女，正容儀，以刺時。」

〔五〕管子曰：「無儀法程式，飛搖而無所定，謂之飛蓬。飛蓬之問，明王不聽。」此言「微子」，未詳。

北匈奴寇西河諸郡。

九年春三月辛丑，詔郡國死罪囚減罪，與妻子詣五原、朔方占著，所在死者皆賜妻父若男同產一人復終身；其妻無父兄獨有母者，賜其母錢六萬，又復其口筭。〔一〕

〔一〕口筭，已見光武紀。

夏四月甲辰，詔郡國以公田賜貧人各有差。令司隸校尉、部刺史歲上墨綬長吏視事三歲已上理狀尤異者各一人，與計偕上。〔二〕及尤不政理者，亦以聞。

〔二〕偕，俱也。所徵之人，令與計吏俱上。

是歲，大有年。〔一〕為四姓小侯開立學校，置五經師。〔二〕

〔一〕穀梁傳曰：「五穀皆熟，書大有年。」

〔二〕袁宏漢紀曰，永平中崇尚儒學，自皇太子、諸王侯及功臣子弟，莫不受經。又為外戚樊氏、郭氏、陰氏、馬氏諸子弟立學，號四姓小侯，置五經師。以非列侯，故曰小侯。禮記曰「庶方小侯」，亦其義也。

十年春二月，廣陵王荆有罪，自殺，國除。

夏四月戊子，詔曰：「昔歲五穀登衍，〔一〕今茲蠶麥善收，其大赦天下。方盛夏長養之時，蕩滌宿惡，以報農功。百姓勉務桑稼，以備災害。吏敬厥職，無令愆墯。」

〔一〕鄭玄注周禮云：「五穀，黍、稷、麥、麻、尗也。」登，成也。衍，饒也，音以戰反。

閏月甲午，南巡狩，幸南陽，祠章陵。日北至，又祠舊宅。〔一〕禮畢，召校官弟子作雅樂，奏鹿鳴，〔二〕帝自御塤篪和之，以娛嘉賓。〔三〕還，幸南頓，勞饗三老、官屬。

〔一〕北至，夏至也。

〔二〕校，學也。鹿鳴，詩小雅篇名，宴羣臣嘉賓之詩。

〔三〕鄭玄注周禮云：「塤，燒土為之，大如鴈子。」鄭衆曰：「有六孔。」世本曰：「暴辛公作篪，以竹為之，長尺四寸，有八孔。」

冬十一月，徵淮陽王延會平輿，〔一〕徵沛王輔會睢陽。

〔一〕縣名，屬汝南郡，故城在今豫州汝陽縣東北。輿音預。

十二月甲午，車駕還宮。

十一年春正月，沛王輔、楚王英、濟南王康、東平王蒼、淮陽王延、中山王焉、琅邪王京、東海王政來朝。

秋七月，司隸校尉郭霸下獄死。

是歲，漅湖出黃金，廬江太守以獻。〔一〕時麒麟、白雉、醴泉、嘉禾所在出焉。

〔一〕漅湖，湖名，音子小反，在今廬州合肥縣東南。

十二年春正月，益州徼外夷哀牢王相率內屬，於是置永昌郡，罷益州西部都尉。〔一〕

〔一〕西南夷傳曰：「罷益州西部所領六縣，合爲永昌郡，置哀牢、博南二縣。」去洛陽七千里，在今匡州匡川縣西。

夏四月，遣將作謁者王吳修汴渠，自滎陽至于千乘海口。〔一〕

〔一〕汴渠即莨蕩渠也。汴自滎陽首受河，所謂石門，在滎陽山北一里。過汴以東，積石爲隄，亦號金隄，成帝陽嘉中所作也。

五月丙辰，賜天下男子爵，人二級，三老、孝悌、力田人三級，流民無名數欲占者人一級；鰥、寡、孤、獨、篤癃、貧無家屬不能自存者粟，人三斛。詔曰：「昔曾、閔奉親，竭歡致養；〔一〕仲尼葬子，有棺無槨。〔二〕喪貴致哀，禮存寧儉。今百姓送終之制，競爲奢靡。生者無擔石之儲，而財力盡於墳土。〔三〕伏臘無糟糠，而牲牢兼於一奠。〔四〕糜破積世之業，以供終朝之費，子孫飢寒，絕命於此，豈祖考之意哉！又車服制度，恣極耳目。田荒不耕，游食者衆。〔五〕有司其申明科禁，宜於今者，宣下郡國。」

〔一〕曾參字子輿，閔損字子騫，並孔子弟子，皆有孝行也。

〔二〕論語曰：「鯉也死，有棺而無槨。」

〔三〕前書音義曰：「擔音丁濫反。言一石之儲。」方言作「甔」，云「罃也，齊東北海岱之閒謂之甔」。郭璞注曰：「所謂『家無甔石之儲』者也。」埤蒼曰：「大罌也。」字或作「儋」，音丁甘反。

〔四〕史記曰，秦德公始爲伏祠。歷忌曰：「伏者何也？金氣伏藏之日也。四氣代謝，皆以相生。至于立秋，以金代火；金畏于火，故庚日必伏。」月令：「孟冬之月，臘先祖。」說文云：「臘，冬至後祭百神。」始皇更臘曰嘉平。奠，喪祭也。

〔五〕游食謂浮食者。

秋七月乙亥，司空伏恭罷。乙未，大司農牟融爲司空。

冬十月，司隸校尉王康下獄死。

是歲，天下安平，人無傜役，歲比登稔，百姓殷富，粟斛三十，牛羊被野。

十三年春二月，帝耕於藉田。禮畢，賜觀者食。

三月，河南尹薛昭下獄死。

夏四月，汴渠成。辛巳，行幸滎陽，巡行河渠。乙酉，詔曰：「自汴渠決敗，六十餘歲，〔一〕加頃年以來，雨水不時，汴流東侵，日月益甚，水門故處，皆在河中，漭瀁廣溢，莫測圻岸，〔二〕蕩蕩極望，不知綱紀。今兗、豫之人，多被水患，乃云縣官不先人急，好興它役。又或以爲河流入汴，幽、冀蒙利，故曰左隄彊則右隄傷，左右俱彊則下方傷，宜任水埶所之，使人隨高而處，公家息壅塞之費，百姓無陷溺之患。議者不同，南北異論，朕不知所從，久而不決。今既築隄理渠，絕水立門，河、汴分流，復其舊迹，陶丘之北，漸就壤墳，〔三〕故薦嘉玉絜牲，以禮河神。〔四〕東過洛汭，歎禹之績。〔五〕今五土之宜，反其正色，〔六〕濱渠下田，賦與貧人，無令豪右得固其利，〔七〕庶繼世宗瓠子之作。」〔八〕因遂度河，登太行，進幸上黨。壬寅，車駕還宮。

〔一〕王景傳曰，平帝時汴河決壞。

〔二〕圻，堮也。

〔三〕爾雅曰：「丘再成曰陶丘。」孫炎曰：「形如累兩盂也。」郭璞曰：「今濟陰定陶城中有陶丘也。」尙書曰：「厥土惟黑壤，下土墳壚。」孔安國曰：「無塊曰壤。墳，起也。」

〔四〕禮記曰：「凡祭玉曰嘉玉。」儀禮曰：「絜牲剛鬣。」

〔五〕水北曰汭。洛汭，洛水入河處也。績，功也。河、洛皆禹所加功，故歎之。

〔六〕周禮曰「山林、川澤、丘陵、墳衍、原隰，謂之五土」也。色謂其黃、白、靑、黑之類。孔安國曰「水所去，土復其性」也。

〔七〕濱，近也。豪右，大家也。

〔八〕瓠子，隄名也。武帝元封二年，發卒數萬人塞瓠子決河，沈白馬、玉璧，令羣臣皆負薪塡河。在今濮州濮陽縣西也。

冬十月壬辰晦，日有食之。三公免冠自劾。制曰：「冠履勿劾。災異屢見，咎在朕躬，憂懼遑遑，未知其方。將有司陳事，多所隱諱，使君上壅蔽，下有不暢乎？昔衞有忠臣，靈公得守其位。〔一〕今何以和穆陰陽，消伏災譴？刺史、太守詳刑理冤，存恤鰥孤，勉思職焉。」

〔一〕論語：「孔子曰：『衞靈公無道。』季康子曰：『夫如是，奚其不喪？』孔子曰：『仲叔圉主賓客，祝佗主宗廟，王孫賈主軍旅。夫如是，奚其喪？』」

十一月，楚王英謀反，廢，國除，遷於涇縣，〔一〕所連及死徙者數千人。

〔一〕涇縣屬丹陽郡，今宣州縣，故城在縣東。有涇水，出蕪湖，因水立名。

是歲，齊王石薨。

十四年春三月甲戌，司徒虞延免，自殺。夏四月丁巳，鉅鹿太守南陽邢穆爲司徒。〔一〕

〔一〕穆字綏公，宛人。

前楚王英自殺。

夏五月，封故廣陵王荆子元壽爲廣陵侯。

初作壽陵。

十五年春二月庚子，東巡狩。辛丑，幸偃師。詔亡命自殊死以下贖：死罪縑四十匹，右趾至髡鉗城旦舂十匹，完城旦至司寇五匹；犯罪未發覺，詔書到日自告者，半入贖。徵沛王輔會睢陽。進幸彭城。癸亥，帝耕于下邳。

三月，徵琅邪王京會良成，〔一〕徵東平王蒼會陽都，〔二〕又徵廣陵侯及其三弟會魯。祠東海恭王陵。還，幸孔子宅，祠仲尼及七十二弟子。親御講堂，〔三〕命皇太子、諸王說經。又幸東平。〔四〕辛卯，進幸大梁，〔五〕至定陶，祠定陶恭王陵。〔六〕夏四月庚子，車駕還宮。

〔一〕良成，縣名，屬東海郡，故城在今泗州下邳縣北。

〔二〕陽都，縣名，屬琅邪郡，故城在今沂州沂水縣南。

〔三〕孔子宅在今兗州曲阜縣故魯城中歸德門內闕里之中，背洙面泗，矍相圃之東北也。七十二弟子，顏、閔之徒。漢春秋曰：「帝時升廟立，羣臣中庭北面，皆再拜，帝進爵而後坐。」

〔四〕東平，國名，故城在今鄆州東。

〔五〕大梁城，魏惠王所築，故城在今汴州。

〔六〕恭王，元帝子康。

改信都爲樂成國，臨淮爲下邳國。封皇子恭爲鉅鹿王，黨爲樂成王，衍爲下邳王，暢爲汝南王，昞爲常山王，長爲濟陰王。〔一〕賜天下男子爵，人三級；郎、從官〔視事〕二十歲已上帛百匹，十歲已上二十匹，十歲已下十匹，官府吏五匹，書佐、小史三匹。令天下大酺五日。〔二〕乙巳，大赦天下，其謀反大逆及諸不應宥者，皆赦除之。

〔一〕濟陰，郡，今曹州。

〔二〕前書音義曰：「漢律，三人已上無故羣飲，罰金四兩。」今恩詔橫賜，得令聚會飲食五日。酺，布也。言天子布恩於天下。史記：「趙惠文王三年，大赦，置酒大酺五日。」

冬，車騎校獵上林苑。〔一〕

〔一〕周禮校人掌王田獵之馬，故曰校獵。謂以木相貫穿爲欄校，以遮禽獸。

十二月，遣奉車都尉竇固、駙馬都尉耿秉屯涼州。〔二〕

〔一〕前書曰，奉車都尉，掌乘輿；駙馬都尉，掌天子之副馬。駙，副也。並武帝置，秩二千石。

十六年春二月，遣太僕祭肜出高闕，〔一〕奉車都尉竇固出酒泉，駙馬都尉耿秉出居延，〔二〕騎都尉來苗出平城，伐北匈奴。竇固破呼衍王於天山，〔三〕留兵屯伊吾盧城。〔四〕耿秉、來苗、祭肜並無功而還。

〔一〕高闕，山名，因以名塞，在朔方北。

〔二〕本匈奴地名也，武帝因以名縣，屬張掖郡，在今甘州張掖縣東北。

〔三〕呼衍，匈奴王號。天山即祁連山，一名雪山，今名折羅漢山，在伊州北。祁音時。

〔四〕本匈奴中地名，既破呼衍，取其地置宜禾都尉，以爲屯田，今伊州(細)〔納〕職縣伊吾故城是也。

夏五月，淮陽王延謀反，發覺。癸丑，司徒邢穆、駙馬都尉韓光坐事下獄死，所連及誅死者甚衆。〔一〕

〔一〕坐與延同謀。

戊午晦，日有食之。

六月丙寅，大司農西河王敏爲司徒。〔一〕

〔一〕漢官儀曰，敏字叔公，并州隰城人也。

秋七月，淮陽王延徙封阜陵王。〔一〕

〔一〕阜陵，縣名，屬九江郡，故城在今滁州全椒縣南。

九月丁卯，詔令郡國中都官死罪繫囚減死罪一等，勿笞，詣軍營，屯朔方、敦煌；妻子自隨，父母同產欲求從者，恣聽之；女子嫁爲人妻，勿與俱。謀反大逆無道不用此書。

是歲，北匈奴寇雲中，雲中太守廉范擊破之。

十七年春正月，甘露降於甘陵。北海王睦薨。

二月乙巳，司徒王敏薨。三月癸丑，汝南太守鮑昱爲司徒。

是歲，甘露仍降，樹枝內附，〔一〕芝草生殿前，神雀五色翔集京師。西南夷哀牢、儋耳、僬僥、槃木、白狼、動黏諸種，前後慕義貢獻；〔二〕西域諸國遣子入侍。夏五月戊子，公卿百官以帝威德懷遠，祥物顯應，乃並集朝堂，奉觴上壽。〔三〕制曰：「天生神物，以應王者；遠人慕化，實由有德。朕以虛薄，何以享斯？唯高祖、光武聖德所被，不敢有辭。其敬舉觴，太常擇吉日策告宗廟。其賜天下男子爵，人二級，三老、孝悌、力田人三級，流人無名數欲占者人一級；鰥、寡、孤、獨、篤癃、貧不能自存者粟，人三斛；郎、從官視事十歲以上者，帛十匹。中二千石、二千石下至黃綬，貶秩奉贖，在去年以來皆還贖。」

〔一〕仍，頻也。內附謂木連理也。前書終軍曰：「衆枝內附，是無外也。」

〔二〕山海經曰：「周僥國在三首國東，爲人短小，冠帶，一名僬僥。」國語曰：「僬僥氏三尺，短之至也。」楊浮異物志曰：「儋耳，南方夷，生則鏤其頰，皮連耳匡，分爲數支，狀如雞腸，纍纍下垂至肩。」

〔三〕壽者人之所欲，故卑下奉觴進酒，皆言上壽。

秋八月丙寅，令武威、張掖、酒泉、敦煌〔一〕及張掖屬國，繫囚右趾已下任兵者，〔二〕皆一切勿治其罪，詣軍營。

〔一〕張掖，郡，故匈奴昆邪王地也。漢官儀曰：「張國臂掖，故曰張掖。」故城在今甘州張掖縣西北。

〔二〕任，堪也。

冬十一月，遣奉車都尉竇固、駙馬都尉耿秉、騎都尉劉張出敦煌昆侖塞，〔一〕擊破白山虜於蒲類海上，遂入車師。〔二〕初置西域都護、戊己校尉。〔三〕

〔一〕昆侖，山名，因以爲塞，在今肅州酒泉縣西南。山有昆侖之體，故名之。周穆王見西王母于此山，有石室、王母臺。

〔二〕西河舊事曰：「白山冬夏有雪，故曰白山，匈奴謂之天山，過之皆下馬拜焉。去蒲類海百里之內。」

〔三〕宣帝初置，鄭吉爲都護，護三十六國，秩比二千石。元帝置戊己校尉，有丞、司馬各一人，秩比六百石。戊己，中央也，鎮覆四方，見漢官儀。亦處西域，鎮撫諸國。

是歲，改天水爲漢陽郡。

十八年春三月丁亥，詔曰：「其令天下亡命，自殊死已下贖：死罪縑三十匹，右趾至髡鉗城旦舂十匹，完城旦至司寇五匹；吏人犯罪未發覺，詔書到自告者，半入贖。」

夏四月己未，詔曰：「自春已來，時雨不降，宿麥傷旱，秋種未下，政失厥中，憂懼而已。其賜天下男子爵，人二級，及流民無名數欲占者人一級；鰥、寡、孤、獨、篤癃、貧不能自存者粟，人三斛。理冤獄，錄輕繫。二千石分禱五岳四瀆。郡界有名山大川能興雲〔致〕雨者，〔一〕長吏各絜齋禱請，冀蒙嘉澍。」〔二〕

〔一〕周禮：「職方氏掌天下之地。揚州，其山曰會稽，其川曰三江。荊州，其山曰衡山，其川曰江、漢。豫州，其山曰華，其川曰滎、洛。青州，其山曰沂山，其川曰淮、泗。兗州，其山曰岱，其川曰河、泲。雍州，其山曰嶽，其川曰涇、汭。幽州，其山曰醫無閭，其川曰河、泲。冀州，其山曰霍，其川曰漳。并州，其山曰恆，其川曰滹沱。」此謂九州名山大川也。

〔二〕說文曰：「時雨所以澍生萬物。」淮南子曰：「春雨之灌，萬物無地不澍，無物不生。」澍音之戍反。

六月己未，有星孛於太微。

焉耆、龜茲攻西域都護陳睦，悉沒其衆。北匈奴及車師後王圍戊己校尉耿恭。

秋八月壬子，帝崩於東宮前殿。年四十八。遺詔無起寢廟，藏主於光烈皇后更衣別室。〔一〕帝初作壽陵，制令流水而已，石椁廣一丈二尺，長二丈五尺，無得起墳。〔二〕萬年之後，埽地而祭，杅水脯糒而已。〔三〕過百日，唯四時設奠，置吏卒數人供給灑埽，勿開修道。敢有所興作者，以擅議宗廟法從事。〔四〕

〔一〕禮「藏主於廟」，既不起寢廟，故藏於后之易衣別室。更，易也。

〔二〕東觀記曰：「陵東北作廡，長三丈，五步出外爲小廚，財足祠祀。」

〔三〕說文曰：「杅，飲器。」音于。方言曰：「盌謂之盂。」說文曰：「糒，乾飯也。」

〔四〕前書曰：「擅議宗廟者弃市。」

帝遵奉建武制度，無敢違者。後宮之家，不得封侯與政。〔一〕館陶公主〔二〕爲子求郎，不許，而賜錢千萬。謂羣臣曰：「郎官上應列宿，出宰百里，〔三〕有非其人，則民受其殃，是以難之。」故吏稱其官，民安其業，遠近肅服，戶口滋殖焉。

〔一〕東觀記曰：「光武閔傷前代權臣太盛，外戚與政，上濁明主，下危臣子，后族陰、郭之家不過九卿，親屬榮位不能及許、史、王氏之半耳。」

〔二〕光武女。

〔三〕史記曰，太微宮後二十五星，郎位也。

論曰：明帝善刑理，法令分明。日晏坐朝，幽枉必達。內外無倖曲之私，在上無矜大之色。斷獄得情，號居前代十二。〔一〕故後之言事者，莫不先建武、永平之政。而鍾離意、宋均之徒，常以察慧爲言，〔三〕夫豈弘人之度未優乎？

〔一〕十斷其二，言少刑也。

〔二〕並見本傳。

贊曰：顯宗丕承，業業兢兢。危心恭德，政察姦勝。〔一〕備章朝物，省薄墳陵。〔二〕永懷廢典，下身遵道。〔三〕登臺觀雲，臨雍拜老。懋惟帝績，增光文考。〔四〕

〔一〕危心言常危懼。姦勝猶勝姦佞。

〔二〕朝物謂朝儀文物也。

〔三〕廢典謂明堂、辟雍之禮，歷漢不行。下身謂進爵授綬之類。

〔四〕懋，勉也。書曰：「惟我文考，光于四海。」

校勘記

九六頁三行 及流人無名數 按：刊誤謂案他處詔書皆上有「脫無名數」，則云「及流人」云云，此無，故不當有「及」字，三年詔亦無，可互證。

九七頁二行 主穿壙填塞事也 汲本、殿本「塞」作「墓」。按：疑當依前書如淳注作「壍」。

九八頁三行 （有）一月一更 據刊誤删。

九八頁五行 蘭州 按：「蘭」原誤「闌」，逕依集解本改正。

九六頁一四行　次(作)司寇〔作〕　據殿本、集解本改。

一〇〇頁三行　(其)班時令　據刊誤刪。

一〇〇頁四行　望元氣　按：洪頤軒讀書叢錄謂「元氣」當是「雲氣」之譌，祭祀志云「升靈臺以望雲物」，雲物卽雲氣也。李慈銘謂洪說是。「雲」古文作「云」，與「元」字易亂。下贊云「登臺觀雲」，可知范書此紀正作「雲」字。

一〇〇頁七行　立辟雍　按：「辟」原譌「璧」，逕改正。

一〇〇頁一一行　(二)千石已下至小吏冠一梁　據刊誤刪。

一〇〇頁一三行　冕以三十升布漆而爲之　按：殿本、集解本「漆」作「染」。

一〇一頁三行　前三幅　按：殿本、集解本「三」作「二」。

一〇一頁五行　以青緌飾之　按：殿本、集解本「緌」作「綏」。

一〇一頁六行　黑帝(汁)〔叶〕光紀　據汲本、殿本改。

一〇二頁一行　明帝自謂無〔成康之質〕　據刊誤補。

一〇二頁六行　儀禮(曰)大射之禮　據刊誤刪。

一〇二頁六行　老人知天地之事者　按：刊誤謂知天地人三才，故謂之三老，此「之」字應作「人」。

一〇三頁九行　扶(玉)〔王〕杖　據集解引惠棟說改。

一〇四頁一六行　壇皆(二)〔三〕尺　據殿本改，與續志合。

一〇六頁一〇行　尚書琁機鈐　按：汲本、殿本「機」作「璣」，下同。

一〇七頁二行　春秋感精符曰　按：下所引乃宋均注語，合有一「注」字。

一一一頁一行　(武)〔昭〕帝拜范明友爲度遼將軍　據殿本考證引何焯說改。按：通鑑注引亦作「昭帝」。

一一一頁九行　春秋圖讖所爲至譴　刊誤謂案文「爲」當作「謂」。今按：謂爲古字通作，汲本作「謂」。

一一一頁一三行　微子所歎　按：集解引沈濤說，謂「微子」當作「微管」，六朝人每以管仲爲微管。

一一二頁一五行　天道得正　按：殿本「天」作「人」。

一一二頁一五行　日明則道正　按：殿本「道正」作「政理」。

一一三頁八行　明王不聽　按：殿本「王」作「主」，與今本管子合。

一一三頁八行　五穀黍稷麥麻尗也　按：校補謂殿本「尗」作「豆」，與周禮原注合。

一一四頁一一行　成帝陽嘉中所作也　按：成帝年號有「陽朔」，有「鴻嘉」，無「陽嘉」，注必有誤。

一一六頁一四行　厥土惟黑壤　按：殿本作「厥土惟壤」，無「黑」字，與書禹貢合。

一一七頁九行　冬十月壬辰晦日有食之　按：是年十月甲辰朔，不得有「壬辰」。續五行志作「甲辰晦」，亦非。今查是年九、十、十一等月皆無日食，參閱續五行志六校記。

一一八頁八行　完城旦至司寇五四　按：張森楷校勘記謂監本「寇」下有「作」字，下十八年同。

一一九頁八行　郎從官〔視事〕二十歲已上　據刊誤補。

一二〇頁八行　取其地置宜禾都尉　按：汲本、殿本「取」作「郎」。

一二〇頁八行　今伊州〔細〕〔納〕職縣　姚範謂「細」爲「納」字之譌。按：姚說是，各本皆未正，今據改。

一二二頁五行　甘露降於甘陵　按：惠棟補注引通鑑考異，謂「甘陵」當作「原陵」。

一二二頁一三行　中二千石二千石下至黃綬　按：刊誤謂案文既云中二千石下至黃綬，不須更比二千石，明多「二千石」三字。

一二三頁一行　楊浮異物志　按：集解引惠棟說，謂「浮」當作「孚」。漢議郎楊孚，字孝先，撰異物志一卷，見廣志及經籍志。

一二三頁四行　及流民無名數　按：刊誤謂多一「及」字。

一二三頁五行　能興雲〔致〕雨者　據殿本補。按：章帝紀建初五年詔書亦作「能興雲致雨者」。

一二四頁四行　長三丈五步出外爲小廚　刊誤謂「三丈五步」不成文理，當作「五尺」。按：東觀記亦作「五步」，「五步」二字應屬下爲句，劉說非。又按：各本無「出」字。

一二四頁八行　有非其人　殿本、集解本「有」作「苟」。張森楷校勘記謂羣書治要亦作「有」，是唐本不作「苟」也。今按：有猶如也。有非其人猶言如非其人耳。

一二四頁一四行　在上無矜大之色　汲本、殿本「矜」作「矜」。今按：段注說文「矜」作「矜」，云从矛令聲。

後漢書卷三

肅宗孝章帝紀第三

肅宗孝章皇帝諱炟，顯宗第五子也。〔一〕母賈貴人。永平三年，立爲皇太子。少寬容，好儒術，顯宗器重之。

〔一〕謚法曰：「溫克令儀曰章。」伏侯古今注曰：「炟之字曰著，音丁達反。」

十八年八月壬子，卽皇帝位，年十九。尊皇后曰皇太后。

壬戌，葬孝明皇帝于顯節陵。〔一〕

〔一〕帝王紀曰：「顯節陵方三百步，高八丈。其地故富壽亭也，西北去洛陽三十七里。」

冬十月丁未，大赦天下。賜民爵，人二級，爲父後及孝悌、力田人三級，脫無名數及流人欲占者人一級；爵過公乘得移與子若同產子；鰥、寡、孤、獨、篤癃、貧不能自存者粟，人三斛。詔曰：「朕以眇身，託于王侯之上，統理萬機，懼失厥中，兢兢業業，未知所濟。深惟守文之主，必建師傅之官。詩不云乎：『不愆不忘，率由舊章。』〔一〕行太尉事節鄉侯憙三世在位，爲國元老；〔二〕司空融〔三〕典職六年，勤勞不怠。其以憙爲太傅，融爲太尉，並錄尚書事。〔四〕『三事大夫，莫肯夙夜』，小雅之所傷也。〔五〕『予違汝弼，汝無面從』，〔六〕股肱之正義也。羣后百僚勉思厥職，各貢忠誠，以輔不逮。申勑四方，稱朕意焉。」

〔一〕詩大雅也。鄭玄云：「愆，過也。率，循也。由，用也。言成王之令德，不過誤，不違失，皆循用舊典文章，謂周公之禮法。」

〔二〕趙憙，光武時爲太尉，明帝時行太尉事，故曰三代在位。元，長也。詩曰：「方叔元老。」

〔三〕融，牟融。

〔四〕武帝初以張子孺領尚書事。錄尚書事由此始。

〔五〕詩雨無正之文也。三事，三公也。鄭玄注云：「幽王在外，三公及諸侯隨而行者，皆無復君臣之禮，不肯晨夜省王。」

〔六〕尚書益稷之文也。孔安國注云：「我違道，汝當以義輔正我，無面從我。」

十一月戊戌，蜀郡太守第五倫爲司空。

詔征西將軍耿秉屯酒泉。〔一〕遣酒泉太守段彭救戊己校尉耿恭。

〔一〕酒泉，今肅州縣也。前書音義曰：「城下有泉，其味若酒，因名酒泉焉。」

甲辰晦，日有食之。於是避正殿，寢兵，不聽事五日。詔有司各上封事。

十二月癸巳，有司奏言：「孝明皇帝聖德淳茂，劬勞日昃，身御浣衣，〔一〕食無兼珍。澤臻四表，〔二〕遠人慕化，僬僥、儋耳，款塞自至。〔三〕克伐鬼方，開道西域，〔四〕威靈廣被，無思不服。以烝庶爲憂，不以天下爲樂。備三雍之教，躬養老之禮。作登歌，正予樂，博貫六蓺，〔五〕不舍晝夜。聰明淵塞，著在圖讖。〔六〕至德所感，通於神明。功烈光於四海，仁風行於千載。而深執謙謙，自稱不德，無起寢廟，埽地而祭，除日祀之法，〔七〕省送終之禮，遂藏主於光烈皇后更衣別室。天下聞之，莫不悽愴。陛下至孝烝烝，奉順聖德。臣愚以爲更衣在中門之外，處所殊別，宜尊廟曰顯宗，其四時禘祫，於光武之堂，閒祀悉還更衣，〔八〕共進武德之舞，如孝文皇帝祫祭高廟故事。」〔九〕制曰：「可。」

〔一〕日昊，日昳。尚書曰：「文王自朝至于日中昊，不遑暇食。」

〔二〕尚書曰：「光被四表。」

〔三〕款，扣。僬僥、儋耳解見明紀。

〔四〕鬼方，遠方。易曰：「高宗伐鬼方，三年克之。」

〔五〕周禮保氏教之六蓺：一曰禮，二曰樂，三曰射，四曰馭，五曰書，六曰數。前書蓺文志（曰）以禮、樂、春秋、易、詩、書爲六蓺。博貫謂究極深幽耳。

〔六〕河圖曰：「圖出代，九天開明，受用嗣興，十代以光。」又括地象曰：「十代禮樂，文雅並出。」謂明帝也。

〔七〕春秋外傳曰：「日祭，月祀，時享。祖禰則日祭，高曾則月祀，三祧則時享。」今此除日祀之法，從時月之祭。

〔八〕續漢書曰：「五年再殷祭，三年一祫，五年一禘。父爲昭，南向；子爲穆，北向。禘以夏四月，祫以冬十月。禘之爲言諦，諦審昭穆尊卑之義。祫者，合也。冬十月五穀成，故骨肉合飮食於祖廟，謂之殷祭。四時正祭外，有五月嘗麥，三伏立秋嘗粢盛酎，十月嘗稻等，謂之閒祀，卽各于更衣之殿。更衣者，非正處也。園中有寢，有便殿。寢者，陵上正殿。便殿，寢側之別殿，卽更衣也。」

〔九〕前書高廟奏武德、文始、五行之舞。

是歲，牛疫。京師及三州大旱，詔勿收兗、豫、徐州田租、芻稾，其以見穀賑給貧人。

建初元年春正月，詔三州郡國：「方春東作，恐人稍受稟，往來煩劇，或妨耕農。〔一〕其各實覈尤貧者，計所貸并與之。〔二〕流人欲歸本者，郡縣其實稟，令足還到，聽過止官亭，無雇舍宿。長吏親躬，無使貧弱遺脫，小吏豪右得容姦妄。〔三〕詔書既下，勿得稽留，刺史明加督察尤無狀者。」〔四〕

〔一〕稟，給也。稍（爲）〔謂〕少少給之，不頓與。

〔二〕并音必政反。

〔三〕前書曰，百石已下有斗食佐史之秩，言小吏也。

〔四〕無狀謂其罪惡尤大，其狀無可寄言，故云無狀。它皆類此。

丙寅，詔曰：「比年牛多疾疫，墾田減少，穀價頗貴，人以流亡。方春東作，宜及時務。二千石勉勸農桑，弘致勞來。羣公庶尹，各推精誠，專急人事。罪非殊死，須立秋案驗。有司明愼選舉，進柔良，退貪猾，順時令，理冤獄。『五教在寬』，帝典所美；〔一〕『愷悌君子』，大雅所歎。〔二〕布告天下，使明知朕意。」

〔一〕五教謂父義、母慈、兄友、弟恭、子孝也。尚書舜典曰：「汝作司徒，敬敷五教在寬。」

〔二〕愷，樂；悌，易也。詩大雅泂酌篇曰：「愷悌君子，人之父母。」

酒泉太守段彭討擊車師，大破之。罷戊己校尉官。

二月，武陵澧中蠻叛。〔一〕

〔一〕武陵，郡，今澧州。水經曰「澧水出武陵充縣西歷山之北」也。

三月甲寅，山陽、東平地震。己巳，詔曰：「朕以無德，奉承大業，夙夜慄慄，不敢荒寧。〔一〕而災異仍見，與政相應。朕既不明，涉道日寡；又選舉乖實，俗吏傷人，官職秏亂，刑罰不中，可不憂與！昔仲弓季氏之家臣，子游武城之小宰，孔子猶誨以賢才，問以得人。〔二〕明政無大小，以得人爲本。夫鄉舉里選，必累功勞。今刺史、守相不明眞僞，茂才、孝廉歲以百數，既非能顯，而當授之政事，甚無謂也。每尋前世舉人貢士，或起畎畝，不繫閥閱。〔三〕敷奏以言，則文章可採；明試以功，則政有異迹。〔四〕文質彬彬，朕甚嘉之。〔五〕其令太傅、三公、中二千石、二千石、郡國守相舉賢良方正能直言極諫之士各一人。」

〔一〕孔安國注尚書曰：「不敢荒怠自安寧。」

〔二〕論語，仲弓爲季氏宰，問政，子曰：「赦小過，舉賢才。」子游爲武城宰，孔子謂之曰：「汝得人焉耳乎？」

〔三〕說文曰：「甽，田中之溝。」音工犬反。史記曰：「明其等曰閥，積其功曰閱。」言前代舉人務取賢才，不拘門地。

〔四〕敷，陳；奏，進也。令各陳進其言，則知其能否也。尙書曰「敷奏以言，明試以功」，則政之類。

〔五〕彬彬，雜半之貌。

夏五月辛酉，初舉孝廉、郎中寬博有謀，任典城者，以補長、相。〔一〕

〔一〕任，堪使也。典，主也。長謂縣長，相謂侯相。

秋七月辛亥，詔以上林池籞田賦與貧人。〔一〕

〔一〕籞，禁苑也，音語。前書音義曰：「折竹以繩懸連之，使人不得往來，謂之籞。」

八月庚寅，有星孛于天市。〔一〕

〔一〕史記曰：「房爲天駟，東北曲十二星曰旗，旗中四星曰天市。」

九月，永昌哀牢夷叛。

冬十月，武陵郡兵討叛蠻，破降之。

十一月，阜陵王延謀反，貶爲阜陵侯。

二年春三月辛丑，詔曰：「比年陰陽不調，飢饉屢臻。深惟先帝憂人之本，〔一〕詔書曰『不傷財，不害人』，誠欲元元去末歸本。而今貴戚近親，奢縱無度，嫁娶送終，尤爲僭侈。

有司廢典，莫肯舉察。春秋之義，以貴理賤。今自三公，並宜明糾非法，宣振威風。朕在弱冠，未知稼穡之艱難，區區管窺，豈能照一隅哉！〔二〕其科條制度所宜施行，在事者備爲之禁，先京師而後諸夏。」〔三〕

〔一〕本謂稼穡。

〔二〕史記扁鵲曰：「以管窺天，以隙視文。」

〔三〕公羊傳曰：「春秋內中國而外諸夏，內諸（侯）〔夏〕而外夷狄。王者欲一乎天下，曷以內外之辭言？自近者始也。」

甲辰，罷伊吾盧屯兵。〔一〕

〔一〕永平十六年置。

永昌、越巂、益州三郡民、夷討哀牢，破平之。

夏四月戊子，詔還坐楚、淮陽事徙者四百餘家，令歸本郡。

癸巳，詔齊相省冰紈、方空縠、吹綸絮。〔一〕

〔一〕紈，素也。冰言色鮮絜如冰。釋名曰：「縠，紗也。」方空者，紗薄如空也。或曰空，孔也，即今之方目紗也。綸，似絮而細。吹者，言吹噓可成，亦紗也。前書齊有三服官，故詔齊相罷之。

六月，燒當羌叛，金城太守郝崇討之，敗績，羌遂寇漢陽。秋八月，遣行車騎將軍馬防討平之。

十二月戊寅，有星孛于紫宫。

三年春正月己酉，宗祀明堂。禮畢，登靈臺，望雲物。大赦天下。

三月癸巳，立貴人竇氏爲皇后。賜爵，人二級，三老、孝悌、力田人三級，民無名數及流民欲占者人一級；鰥、寡、孤、獨、篤癃、貧不能自存者粟，人五斛。

夏四月己巳，罷常山呼沲石臼河漕。〔一〕

〔一〕石臼，河名也，在今定州唐縣東北。時鄧訓上言此漕難成，遂罷之。漕，水運也，音才到反。

行車騎將軍馬防破燒當羌於臨洮。〔一〕

〔一〕臨洮，縣名，屬隴西郡，即今岷（山之）州。

閏月，西域假司馬班超擊姑墨，大破之。〔一〕

〔一〕姑墨，西域國名，去長安八千一百五十里。

冬十二月丁酉，以馬防爲車騎將軍。

武陵漊中蠻叛。〔一〕

〔一〕漊，水名，音婁，源出今澧州崇義縣西北山。

是歲，零陵獻芝草。

四年春二月庚寅，太尉牟融薨。

夏四月戊子，立皇子慶爲皇太子。　賜爵，人二級，三老、孝悌、力田人三級，民無名數及流人欲自占著人一級；鰥、寡、孤、獨、篤癃、貧不能自存者粟，人五斛。

己丑，徙鉅鹿王恭爲江陵王，汝南王暢爲梁王，常山王昞爲淮陽王。　辛卯，封皇子伉〔一〕爲千乘王，全爲平春王。〔二〕

〔一〕音抗。

〔二〕平春，縣，屬江夏郡。

五月丙辰，車騎將軍馬防罷。

甲戌，司徒鮑昱爲太尉，南陽太守桓虞爲司徒。〔一〕

〔一〕虞字仲春，馮翊人。

六月癸丑，皇太后馬氏崩。　秋七月壬戌，葬明德皇（太）后。

冬，牛大疫。

十一月壬戌，詔曰：「蓋三代導人，教學爲本。〔一〕　漢承暴秦，褒顯儒術，建立五經，爲置博士。　其後學者精進，雖曰承師，亦別名家。〔二〕　孝宣皇帝以爲去聖久遠，學不厭博，故遂立大、小夏侯尚書，後又立京氏易。〔三〕至建武中，復置顏氏、嚴氏春秋，大、小戴禮博士。〔四〕此皆所以扶進微學，尊廣道藝也。中元元年詔書，五經章句煩多，議欲減省。至永平元年，長水校尉儵〔五〕奏言，先帝大業，當以時施行。欲使諸儒共正經義，頗令學者得以自助。孔子曰：『學之不講，是吾憂也。』又曰：『博學而篤志，切問而近思，仁在其中矣。』〔六〕於戲，其勉之哉！」於是下太常，將、大夫、博士、議郎、郎官〔七〕及諸生、諸儒會白虎觀，講議五經同異，使五官中郎將魏應承制問，〔八〕侍中淳于恭奏，帝親稱制臨決，如孝宣甘露石渠故事，〔九〕作白虎議奏。〔一〇〕

〔一〕前書曰，三代之道，鄉里有敎，夏曰校，殷曰庠，周曰序。

〔二〕言雖承一師之業，其後觸類而長，更爲章句，則別爲一家之學。

〔三〕大、小夏侯謂夏侯勝、勝從兄子建也。京氏，京房也。

〔四〕嚴氏謂嚴彭祖。顏氏謂顏安樂。大、小戴，戴德、戴聖也。

〔五〕樊儵。

〔六〕論語文也。講猶習也。篤，厚也。志，記也。言人能博涉學而後識之，切問於己所未悟之事，近思己所能及之事。好學亦仁之一分，故仁在其中矣。

〔七〕博士屬太常，故云下。

〔八〕續漢志曰：「五官中郎將，比二千石。」

〔九〕前書：「甘露二年，詔諸儒講五經異同，蕭望之等平奏其議，上親制臨決焉。」又曰：「施讎，甘露中論五經於石渠閣。」三輔故事曰：「石渠閣在未央殿北，藏秘書之所。」

〔一〇〕今白虎通。

是歲，甘露降泉陵、洮陽二縣。〔一〕

〔一〕二縣屬零陵郡。泉陵城在今永州零陵縣北。洮陽故城在今湘源縣西北。

五年春二月庚辰朔，日有食之。詔曰：「朕新離供養，〔一〕愆咎眾著，上天降異，大變隨之。詩不云乎：『亦孔之醜。』〔二〕又久旱傷麥，憂心慘切。公卿已下，其舉直言極諫能指朕過失者各一人，遣詣公車，將親覽問焉。其以巖穴為先，勿取浮華。」〔三〕

〔一〕去年馬太后崩。

〔二〕詩小雅曰：「朔月辛卯，日有食之，亦孔之醜。」孔，甚也。醜，惡也。

〔三〕前書鄒陽曰：「顯巖穴之士。」

甲申，詔曰：「春秋書『無麥苗』，重之也。〔一〕去秋雨澤不適，今時復旱，如炎如焚。〔二〕凶年無時，而為備未至。朕之不德，上累三光，震慄忉忉，痛心疾首。〔三〕前代聖君，博思咨諏，〔四〕雖降災咎，輒有開匱反風之應。〔五〕令予小子，徒慘慘而已。其令二千石理冤獄，錄輕繫；禱五嶽四瀆，及名山能興雲致雨者，冀蒙不崇朝徧雨天下之報。〔六〕務加肅敬焉。」

〔一〕春秋莊公七年：「秋，大水，無麥苗。」公羊傳曰：「一災不書，待無麥然後書無苗。」何休注曰：「不書穀〔名〕，至麥苗獨書，人食最重也。」

〔二〕炎、焚言熱氣甚。韓詩：「旱魃爲虐，如炎如焚。」

〔三〕忉音刀。詩曰：「憂心忉忉。」又曰：「疢如疾首。」

〔四〕咨諏，謀也，音子余反。

〔五〕武王有疾，周公作請命之書，藏於金匱。後管、蔡流言，成王疑周公，天乃大風，禾木盡偃。成王啓金匱，得書，乃郊天謝過，天乃反風起禾。事見尚書。

〔六〕尚書大傳曰：「五嶽皆觸石出雲，膚寸而合，不崇朝而雨天下。」

三月甲寅，詔曰：「孔子曰：『刑罰不中，則人無所措手足。』今吏多不良，擅行喜怒，或案不以罪，迫脅無辜，致令自殺者，一歲且多於斷獄，甚非爲人父母之意也。〔一〕有司其議糾舉之。」

〔一〕書曰：「元后作人父母。」

荆、豫諸郡兵討破武陵漊中蠻。

夏五月辛亥，詔曰：「朕思遲直士，側席異聞。〔一〕其先至者，各以發憤吐懣，略聞子大夫之志矣，皆欲置於左右，顧問省納。建武詔書又曰，堯試臣以職，不直以言語筆札。〔二〕今外官多曠，並可以補任。」

〔一〕遲猶希望也，音持二反。側席謂不正坐，所以待賢良也。
〔三〕書舜典曰：「股其試哉。」又曰：「歷試諸難。」札，簡也。

戊辰，太傅趙憙薨。

冬，始行月令迎氣樂。〔一〕

〔一〕東觀記曰：「馬防上言，『聖人作樂，所以宣氣致和，順陰陽也。臣愚以爲可因歲首發太蔟之律，奏雅頌之音，以迎和氣。』時以作樂器費多，遂獨行十月迎氣樂也。」

是歲，零陵獻芝草。有八黃龍見於泉陵。〔一〕西域假司馬班超擊疏勒，破之。

〔一〕伏侯古今注曰：「見零陵泉陵湘水中，相與戲。其二大如馬，有角；六枚大如駒，無角。」

六年春二月辛卯，琅邪王京薨。

夏五月辛酉，趙王盱薨。

六月丙辰，太尉鮑昱薨。

辛未晦，日有食之。

秋七月癸巳，以大司農鄧彪爲太尉。

七年春正月，沛王輔、濟南王康、東平王蒼、中山王焉、東海王政、琅邪王宇來朝。

夏六月甲寅，廢皇太子慶爲清河王，立皇子肇爲皇太子。

己未，徙廣平王羨爲西平王。

秋八月，飲酎高廟，禘祭光武皇帝、孝明皇帝。〔一〕甲辰，詔〔曰〕：「書云『祖考來假』，明哲之祀。〔二〕予末小子，質又菲薄，仰惟先帝烝烝之情，前修禘祭，以盡孝敬。朕得識昭穆之序，寄遠祖之思。今年大禮復舉，加以先帝之坐，〔三〕悲傷感懷。樂以迎來，哀以送往，雖祭亡如在，而空虛不知所裁，庶或饗之。豈亡克慎肅雍之臣，辟公之相，〔四〕皆助朕之依依。〔五〕今賜公錢四十萬，卿半之，及百官執事各有差。」

〔一〕前書高廟飲酎，奏武德、五行之舞。音義云：「正月旦作酒，八月成，名曰酎者，言醇也。」武帝時因八月嘗酎，令諸侯出金助祭，所謂酎金也。丁孚漢儀式曰：「九眞、交阯、日南者用犀角二，長九寸，若瑇瑁甲一；鬱林用象牙一，長三尺已上，若翠羽各二十，準以當金。」

〔二〕假音格。格，至也。尚書夔曰：「於！予擊石拊石，搏拊琴瑟以詠，祖考來格。」言明哲祭祀，則能致祖考之神來至。

〔三〕言顯宗神坐，今新加之。

〔四〕肅，敬；雍，和；相，助也。詩大雅曰：「有來雍雍，至止肅肅，相維辟公，天子穆穆。」言百辟諸侯來助祭，皆有肅雍之德，無懈慢也。

〔五〕依依，思慕之意。

九月甲戌，幸偃師，東涉卷津，〔一〕至河内。下詔曰：「車駕行秋稼，觀收穫，因涉郡界。皆精騎輕行，無它輜重。不得輒修道橋，遠離城郭，遣吏逢迎，刺探起居，〔二〕出入前後，以爲煩擾。動務省約，但患不能脱粟瓢飲耳。〔三〕所過欲令貧弱有利，無違詔書。」遂覽淇園。〔四〕己酉，進幸鄴，勞饗魏郡守令已下，至于三老、門闌、走卒，賜錢各有差。勞賜常山、趙國吏人，復元氏租賦三歲。辛卯，車駕還宮。詔天下繫囚減死一等，勿笞，詣邊戍；妻子自隨，占著所在；父母同產欲相從者，恣聽之；有不到者，皆以乏軍興論。〔五〕及犯殊死，一切募下蠶室；其女子宮。繫囚鬼薪、白粲已上，〔六〕皆減本罪各一等，輸司寇作。亡命贖：死罪入縑二十匹，右趾至髡鉗城旦舂十匹，完城旦至司寇三匹，吏人有罪未發覺，詔書到自告者，半入贖。

〔一〕卷，縣名，屬河南郡也。卷音丘權反。
〔二〕刺探謂候伺也。探音湯勘反。
〔三〕晏子相齊，食脱粟之飯。孔子曰，顏回一瓢飲。
〔四〕前書音義曰：「淇園，衞之苑也。」
〔五〕軍興而致闕乏，當死刑也。

〔六〕前書曰：「鬼薪、白粲已上，皆三歲刑也。男子爲鬼薪，取薪以給宗廟。女子爲白粲，使擇米白粲粲然。」

冬十月癸丑，西巡狩，幸長安。丙辰，祠高廟，遂有事十一陵。遣使者祠太上皇於萬年，〔一〕以中牢祠蕭何、霍光。進幸槐里。岐山得銅器，形似酒罇，獻之。又獲白鹿。帝曰：「上無明天子，下無賢方伯。〔二〕『人之無良，相怨一方。』〔三〕斯器亦曷爲來哉？」〔四〕又幸長平，御池陽宮，〔五〕東至高陵，造舟於涇而還。〔六〕每所到幸，輒會郡縣吏人，勞賜作樂。十一月，詔勞賜河東守、令、掾以下。十二月丁亥，車駕還宮。

〔一〕太上皇，高祖父也，名煓，音它官反，一名執嘉。三輔黃圖曰，高祖初都櫟陽，太上皇崩，葬櫟陽北原陵，號萬年，仍分置萬年縣，在今櫟陽東北，故就祭祀焉。

〔二〕已見明帝紀。

〔三〕詩小雅也。良，善也。言王者所爲無有善者，各相與於一方而怨之。義見韓詩。

〔四〕公羊傳曰：「孔子抱麟而泣曰：『孰爲來哉？孰爲來哉？』」

〔五〕前書音義曰：「長平坂在池陽南，有長平觀，去長安五十餘里。」

〔六〕造，至也。謂次比舟，令相至爲橋而度也。爾雅曰：「天子造舟，諸侯維舟，大夫方舟，士特舟。」

是歲，京師及郡國螟。

八年春正月壬辰，東平王蒼薨。三月辛卯，葬東平憲王，賜鑾輅、龍旂。

夏六月，北匈奴大人率衆款塞降。

冬十二月甲午，東巡狩，幸陳留、梁國、淮陽、潁陽。戊申，車駕還宮。

詔曰：「五經剖判，去聖彌遠，章句遺辭，乖疑難正，恐先師微言將遂廢絕，非所以重稽古，求道眞也。其令羣儒選高才生，受學左氏、穀梁春秋，古文尚書，毛詩，以扶微學，廣異義焉。」

是歲，京師及郡國螟。

元和元年春正月，中山王焉來朝。日南徼外蠻夷獻生犀、白雉。〔一〕

〔一〕劉欣明交州記曰：「犀，其毛如豕，蹏有三甲，頭如馬，有三角，鼻上角短，額上、頭上角長。」異物志曰：「角中特有光耀，白理如線，自本達末則爲通天犀。」

閏月辛丑，濟陰王長薨。

二月甲戌，詔曰：「王者八政，以食爲本，〔一〕故古者急耕稼之業，致耒耜之勤，〔二〕節用儲蓄，以備凶災，是以歲雖不登而人無飢色。自牛疫已來，穀食連少，良由吏教未至，刺史、二千石不以爲負。〔三〕其令郡國募人無田欲徙它界就肥饒者，恣聽之。到在所，賜給公田，爲雇耕傭，賃種餉，〔四〕貰與田器，勿收租五歲，除筭三年。其後欲還本鄉者，勿禁。」

〔一〕尚書洪範八政，一曰食，是爲政本。

〔二〕耒耜，農器也。耒，其柄；耜，其刃。

〔三〕負猶憂也。

〔四〕餉，糧也，古餉字，音式上反。

夏四月己卯，分東平國，封憲王蒼子尚爲任城王。

六月辛酉，沛王輔薨。

秋七月丁未，詔曰：「律云『掠者唯得榜、笞、立』。〔一〕又令丙，箠長短有數。〔二〕自往者大獄已來，掠考多酷，鉆鑽之屬，〔三〕慘苦無極。念其痛毒，怵然動心。書曰『鞭作官刑』，豈云若此？〔四〕宜及秋冬理獄，明爲其禁。」

〔一〕蒼頡篇曰：「掠，問也。」廣雅曰：「榜，擊也，音彭。」說文曰：「笞，擊也。」立謂立而考訊之。

〔二〕令丙爲篇之次也。前書音義曰：「令有先後，有令甲、令乙、令丙。」又景帝（京師）定箠令，箠長五尺，本大一寸，其竹也末薄半寸，其平去節，故曰長短有數也。

〔三〕大獄謂楚王英等事也。鉆音其廉反。說文曰：「鉆，鋷也。」國語曰：「中刑用鑽鑿。」皆謂慘酷其肌膚也。

〔四〕孔安國注尚書曰：「以鞭爲理官事之刑。」

八月甲子，太尉鄧彪罷，大司農鄭弘爲太尉。

癸酉，詔曰：「朕道化不德，吏政失和，元元未諭，抵罪於下。寇賊爭心不息，邊野邑屋不修。〔一〕永惟庶事，思稽厥衷，與凡百君子，共弘斯道。中心悠悠，將何以寄？其改建初九年爲元和元年。郡國中都官繫囚減死一等，勿笞，詣邊縣；妻子自隨，占著在所。其犯殊死，一切募下蠶室；其女子宮。繫囚鬼薪、白粲以上，皆減本罪一等，輸司寇作。亡命者贖，各有差。」

〔一〕「修」或作「充」。

丁酉，南巡狩，詔所經道上，郡縣無得設儲跱。〔一〕命司空自將徒支柱橋梁。〔二〕有遣使奉迎，探知起居，二千石當坐。其賜鰥、寡、孤、獨，不能自存者粟，人五斛。

〔一〕儲，積也。跱，具也。言不預有蓄備。

〔二〕柱音竹主反。

九月乙未，東平王忠薨。

辛丑，幸章陵，祠舊宅園廟，見宗室故人，賞賜各有差。冬十月己未，進幸江陵，詔廬江太守祠南嶽，又詔長沙、零陵太守祠長沙定王、舂陵節侯、鬱林府君。還，幸宛。十一月己丑，車駕還宮，賜從者各有差。

十二月壬子，詔曰：「書云：『父不慈，子不祗，兄不友，弟不恭，不相及也。』〔一〕往者妖言大獄，所及廣遠，一人犯罪，禁至三屬，〔二〕莫得垂纓仕宦王朝。如有賢才而沒齒無用，朕甚憐之，非所謂與之更始也。諸以前妖惡禁錮者，一皆蠲除之，〔三〕以明弃咎之路，但不得在宿衞而已。」

〔一〕祗，敬也。左傳胥臣云：「康誥曰：『父不慈，子不祗，兄不友，弟不恭，不相及也。』」今康誥之言，事同而文異。

〔二〕即三族也。謂父族、母族及妻族。

〔三〕左傳曰：「以重幣錮之。」杜預注曰：「禁錮勿令仕也。」

二年春正月乙酉，詔曰：「令云『人有產子者復，勿筭三歲』。今諸懷妊者，〔一〕賜胎養穀人三斛，復其夫，勿筭一歲，著以爲令。」又詔三公曰：「方春生養，萬物莩甲，〔二〕宜助萌陽，以育時物。其令有司，罪非殊死且勿案驗，及吏人條書相告不得聽受，〔三〕冀以息事寧人，敬奉天氣。立秋如故。夫俗吏矯飾外貌，似是而非，揆之人事則悅耳，論之陰陽則傷化，朕甚饜之，甚苦之。安靜之吏，悃愊無華，〔四〕日計不足，月計有餘。〔五〕如襄城令劉方，〔六〕吏人同聲謂之不煩，雖未有它異，斯亦殆近之矣。閒敕二千石各尚寬明，而今富姦行賂於下，貪吏枉法於上，使有罪不論而無過被刑，甚大逆也。夫以苛爲察，以刻爲明，以輕爲德，以重爲威，四者或興，則下有怨心。吾詔書數下，冠蓋接道，而吏不加理，人或失職，其咎安在？勉思舊令，稱朕意焉。」

〔一〕說文曰：「妊，孕也。」
〔二〕前書音義曰：「莩，葉裹白皮也。」易曰「百果甲坼」也。
〔三〕條，事條也。
〔四〕說文云：「悃愊，至誠也。」悃音苦本反。愊音孚逼反。
〔五〕莊子曰：「有庚桑子者，偏得老聃之道，以居畏壘之山。畏壘之人相與云：『庚桑子之始來，吾洒然異之；今吾日計之不足，歲計之有餘，庶幾其聖人乎？』」
〔六〕方字伯況，平原人。

二月甲寅，始用四分歷。〔一〕

〔一〕續漢書曰：「時待詔張盛、京房、鮑業等以四分歷請與待詔楊岑等共課歲餘，盛等所中多，四分之歷始頗施行。」

詔曰：「今山川鬼神應典禮者，尚未咸秩。〔一〕其議增修羣祀，以祈豐年。」

〔一〕咸，皆也。秩，序也。言山川之神尚未次序而祭之。書曰：「咸秩無文。」

丙辰，東巡狩。己未，鳳皇集肥城。〔一〕乙丑，帝耕於定陶。詔曰：「三老，尊年也。孝悌，淑行也。力田，勤勞也。國家甚休之。其賜帛人一匹，勉率農功。」使使者祠唐堯於成陽靈臺。〔二〕辛未，幸太山，柴告岱宗。有黃鵠三十從西南來，經祠壇上，東北過于宮屋，翺翔升降。進幸奉高。壬申，宗祀五帝于汶上明堂。〔三〕癸酉，告祠二祖、四宗，〔四〕大會外內羣臣。丙子，詔曰：「朕巡狩岱宗，柴望山川，告祀明堂，以章先勳。其二王之後，〔五〕先聖之胤，〔六〕東后蕃衞，〔七〕伯父伯兄，仲叔季弟，幼子童孫，〔八〕百僚從臣，宗室衆子，要荒四裔，〔九〕沙漠之北，葱領之西，〔一〇〕冒耏之類，〔一一〕跋涉懸度，〔一二〕陵踐阻絕，駿奔郊畤，〔一三〕咸來助祭。祖宗功德，延及朕躬。予一人空虛多疚，纂承尊明，〔一四〕盥洗享薦，慙愧祗慄。詩不云乎：『君子如祉，亂庶遄已。』〔一五〕歷數既從，靈燿著明，〔一六〕亦欲與士大夫同心自新。其大赦天下。諸犯罪不當得赦者，皆除之。復博、奉高、嬴，無出今年田租、芻稾。」戊寅，進幸濟南。〔一七〕三月己丑，進幸魯，祠東海恭王陵。庚寅，祠孔子於闕里，及七十二弟子，賜褒成侯及諸孔男女帛。壬辰，進幸東平，祠憲王陵。〔一八〕甲午，遣使者祠定陶太后、恭王陵。〔一九〕乙未，幸東阿，北登太行山，至天井關。〔二〇〕夏四月乙巳，客星入紫宮。乙卯，車駕還宮。庚申，假于祖禰，〔二一〕告祠高廟。

〔一〕肥城，縣名，屬太山郡，故城在今濟州平陰縣東南。

〔二〕成陽，縣，屬濟陰郡。郭緣生述征記曰：「成陽縣東南有堯母慶都墓，上有祠廟。堯母陵俗亦名靈臺大母。」

〔三〕前書曰：「濟南人公玉帶上黃帝時明堂圖，中有一殿，四面無壁，以茅蓋，通水，水圜宮垣爲複道；上有樓，從西南入，名曰崑崙，以拜祀上帝。於是上作明堂於汶上，如帶圖焉。」汶水出太山朱虛縣萊蕪山。

〔四〕二祖謂高祖、世祖。四宗謂文帝爲太宗，武帝爲世宗，宣帝爲中宗，明帝爲顯宗。

〔五〕禮記曰：「存二王之後，尊賢不過二代。」公羊傳〔注〕曰：「存二王之後，所以通三正也。」漢之二王，殷、周之後也。

〔六〕東觀記曰：「孔子後褒成侯等咸來助祭。」

〔七〕東后謂東方國君也。諸侯爲天子藩屏，故曰藩衞。

〔八〕尚書呂刑文。皆天子同姓諸侯，有父叔兄弟子孫列者，故總而言之。

〔九〕要、荒，二服名。要服去王城二千里，荒服去王城二千五百里。要者，言可要束以文教。荒者，言其荒忽無常也。裔，遠也。謂荒服之外也。

〔一〇〕西河舊事曰：「葱領，山名，在敦煌西。其山高大多葱，故以爲名焉。」

〔一一〕字書曰：「耏，多須貌，音而。」言須鬢多，蒙冒其面。或曰，西域人多著冒而〔須〕長，故舉以爲言也。

〔一二〕草行曰跋，水行曰涉。左傳子太叔曰：「跋涉山川。」西域傳曰：「縣度者，石山也。溪谷不通，以繩索相引而度，去陽關五千八百五十里。」

〔一三〕駿，疾也，音俊。尚書「駿奔走（在廟）」。郊畤，祭天處也。前書音義曰：「畤，神靈之居止者。」

〔一四〕疢，病也。纂，繼也。

〔一五〕詩小雅。遄，速也。已，止也。祉，福也。鄭玄注云：「福者，福賢者，謂爵祿之也。如此，則亂亦庶幾可疾止也。」

〔一六〕歷數既從，謂行四分歷也。靈燿著明，謂日月貞明。

〔一七〕濟南，縣名，故城在今淄州長山縣西北。

〔一八〕陵在今鄆州須昌縣東。

〔一九〕太后即元帝傅昭儀也。定陶恭王康，其陵在今曹州濟陰縣北。

〔二〇〕在今澤州晉城縣南，今太行山上，關南有天井泉三所也。

〔三〕假，至也，音格。禰，父廟。易曰：「王假有廟。」

五月戊申，詔曰：「乃者鳳皇、黃龍、鸞鳥比集七郡，〔一〕或一郡再見，及白烏、神雀、甘露屢臻。祖宗舊事，或班恩施。〔二〕其賜天下吏爵，人三級；高年、鰥、寡、孤、獨帛，人一匹。經曰：『無侮鰥寡，惠此煢獨。』加賜河南女子百戶牛酒，〔三〕令天下大酺五日。賜公卿已下錢帛各有差；及洛陽人當酺者布，戶一匹，城外三戶共一匹。賜博士員弟子見在太學者布，人三匹。令郡國上明經者，口十萬以上五人，不滿十萬三人。」

〔一〕孫柔之瑞〔應〕圖曰：「鸞鳥者，赤神之精，鳳皇之佐。雞身赤（毛）〔尾〕，色亦被五彩，鳴中五音。人君進退有度，親疏有序，則至也。」比，頻也。

〔二〕武帝時芝草生于甘泉宮，宣帝時嘉穀玄稷降于郡國，神雀仍集，皆大赦天下。

〔三〕前書音義：「蘇林曰，男賜爵，女子賜牛酒。姚察云，女子謂賜爵者之妻。」史記封禪書：「百戶牛一頭，酒十石。」臣賢案：此女子百戶，若是戶頭之妻，不得更稱爲戶；此謂女戶頭，即今之女戶也。天下稱慶，恩當普洽，所以男戶賜爵，女子賜牛酒。

改廬江爲六安國，江陵復爲南郡。〔一〕徙江陵王恭爲六安王。

〔一〕建初四年改爲江陵國，今又復之。

秋七月庚子，詔曰：「春秋於春每月書『王』者，重三正，慎三微也。〔一〕律十二月立春，不以報囚。〔二〕月令冬至之後，有順陽助生之文，〔三〕而無鞫獄斷刑之政。朕咨訪儒雅，稽之典籍，以爲王者生殺，宜順時氣。其定律，無以十一月、十二月報囚。」

〔一〕三正謂天、地、人之正。所以有三者，由有三微之月，王者所當奉而成之。禮（記）〔緯〕曰：「正朔三而改，文質再而復。三微者，三正之始，萬物皆微，物色不同，故王者取法焉。十一月，時陽氣始施於黄泉之下，色皆赤。赤者陽氣，故周爲天正，色尚赤。十二月，萬物始牙而色白。白者陰氣，故殷爲地正，色尚白。十三月，萬物莩甲而出，其色皆黑，人得加功展業，故夏爲人正，色尚黑。」尚書大傳曰：「夏以十三月爲正，平旦爲朔。殷以十二月爲正，雞鳴爲朔。周以十一月爲正，夜半爲朔。」必以三微之月爲正者，當爾之時，物皆尚微，王者受命，當扶微理弱，奉成之義也。

〔二〕報猶論也。立春陽氣至，可以施生，故不論囚。

〔三〕月令仲冬：「是月也，日短至，陰陽爭，諸生蕩，君子身欲寧，事欲靜，以待陰陽之所定也。」

九月壬辰，詔：「鳳皇、黄龍所見亭部無出二年租賦。〔一〕加賜男子爵，人二級；先見者帛二十匹，近者三匹，太守三十匹，令、長十五匹，丞、尉半之。詩云：『雖無德與汝，式歌且舞。』〔二〕它如賜爵故事。」

〔一〕東觀記曰：「鳳皇見肥城句窳亭槐樹上。」古今注云：「黄龍見洛陽元延亭部。」窳音庾。

〔二〕詩小雅也。取雖無大德，要有喜悦之心，欲歌舞也。式，用也。

丙申，徵濟南王康、中山王焉會烝祭。

冬十一月壬辰，日南至，初閉關梁。〔一〕

〔一〕易曰：「先王以至日閉關，商旅不行。」王弼注曰：「冬至陰之復，夏至陽之復，故爲復即至於寂然大靜，先王則天地而行者也。」

三年春正月乙酉，詔曰：「蓋君人者，視民如父母，有憯怛之憂，有忠和之教，匍匐之救。〔一〕其嬰兒無父母親屬，及有子不能養食者，稟給如律。」

〔一〕周禮：「（鄉）〔大〕司徒以鄉三物教萬民，一曰六德，謂智、仁、聖、義、忠、和。」詩邶風曰：「凡民有喪，匍匐救之。」

丙申，北巡狩，濟南王康、中山王焉、西平王羨、六安王恭、樂成王黨、淮陽王昞、任城王尚、沛王定皆從。辛丑，帝耕于懷。

二月壬寅，告常山、魏郡、清河、鉅鹿、平原、東平郡太守、相曰：「朕惟巡狩之制，以宣聲教，考同遐邇，解釋怨結也。今『四國無政，不用其良』，〔一〕駕言出游，欲親知其劇易。前祠園陵，遂望祀華、霍，〔二〕東祡岱宗，爲人祈福。今將禮常山，遂徂北土，歷魏郡，經平原，升踐隄防，詢訪耆老，咸曰『往者汴門未作，深者成淵，淺則泥塗』。追惟先帝勤人之德，〔三〕底績遠圖，復禹弘業，〔四〕聖跡滂流，至于海表。不克堂（桓）〔構〕，朕甚慙焉。〔五〕月令，孟春善相丘陵土地所宜。〔六〕今肥田尚多，未有墾闢。其悉以賦貧民，給與糧種，務盡地力，勿令游手。所過縣邑，聽半入今年田租，以勸農夫之勞。」

〔一〕詩小雅曰：「日月告凶，不用其行。四國無政，不用其良。」言四方之國無政者，由天子不用善人也。

〔二〕華、霍，山名也。〔霍〕在(今)廬江灊縣西南，亦名天柱山。爾雅曰華山為西嶽，霍山為南嶽。

〔三〕謂永平十二年修汴渠。

〔四〕尚書曰：「覃懷厎績。」孔安國注云：「厎，置；績，功也。」遠圖猶長筭也。言能復禹為理水之大功。

〔五〕尚書曰：「若考作室，既厎法，厥子乃不肯堂，矧肯(桓)〔構〕。」

〔六〕月令：「孟春之月，善相丘陵、阪險、原隰土地所宜，五穀所殖，以教導人，必躬親之，田事既飭。」

乙丑，勑侍御史、司空曰：「方春，所過無得有所伐殺。車可以引避，引避之；騑馬可輟解，輟解之。〔一〕詩云：『敦彼行葦，牛羊勿踐履。』〔二〕禮，人君伐一草木不時，謂之不孝。〔三〕俗知順人，莫知順天。其明稱朕意。」

〔一〕夾轅者為服馬，服馬外為騑馬。

〔二〕詩大雅云。鄭玄注云：「敦敦然道旁之葦，牧牛羊者無使踐履折傷之，況於人乎！」

〔三〕禮記孔子曰：「伐一樹，殺一獸，不以其時，非孝也。」

戊辰，進幸中山，遣使者祠北嶽。出長城。〔一〕癸酉，還，幸元氏，祠光武、顯宗於縣舍正堂；明日又祠顯宗于始生堂，皆奏樂。〔二〕三月丙子，詔高邑令祠光武於卽位壇。復元氏七年傜役。己卯，進幸趙。庚辰，祠房山於靈壽。〔三〕辛卯，車駕還宮。賜從行者各有差。

〔一〕史記，蒙恬為秦築長城，西自臨洮，東至海。

〔二〕明帝生于常山元氏傳舍也。

〔三〕靈壽，縣名，屬常山郡，今恆州縣也。房山在今恆州房山縣（縣）西北，俗名王母山，上有王母祠。

夏四月丙寅，太尉鄭弘免，大司農宋由爲太尉。〔一〕

〔一〕由字叔路，長安人。

五月丙子，司空第五倫罷，太僕袁安爲司空。

秋八月乙丑，幸安邑，觀鹽池。〔一〕九月，至自安邑。

〔一〕許愼云：「河東鹽池，袤五十一里，廣七里，周百一十六里。」今蒲州虞鄉縣西。

冬十月，北海王基薨。

燒當羌叛，寇隴西。

是歲，西域長史班超擊斬疏勒王。

章和元年春三月，護羌校尉傅育追擊叛羌，戰歿。

夏四月丙子，令郡國中都官繫囚減死一等，詣金城戍。

六月戊辰，司徒桓虞免。癸卯，司空袁安爲司徒，光祿勳任隗爲司空。〔一〕

〔一〕桓虞字仲春，馮翊萬年人。隗字仲和，南陽宛人。

秋七月癸卯，齊王晃有罪，貶爲蕪湖侯。〔一〕壬子，淮陽王昞薨。

〔一〕蕪湖，縣名，屬丹陽，故城在今宣州當塗縣東南。

鮮卑擊破北單于，斬之。

燒當羌寇金城，護羌校尉劉盱討之，斬其渠帥。

壬戌，詔曰：「朕聞明君之德，啓迪鴻化，緝熙康乂，光照六幽，〔一〕訖惟人面，靡不率俾，仁風翔于海表，威霆行乎鬼區。〔二〕然後敬恭明祀，膺五福之慶，獲來儀之貺。〔三〕朕以不德，受祖宗弘烈。乃者鳳皇仍集，麒麟並臻，甘露宵降，嘉穀滋生，芝草之類，歲月不絕。朕夙夜祗畏上天，無以彰于先功。今改元和四年爲章和元年。」

〔一〕緝熙，光明也。六幽謂六合幽隱之處也。

〔二〕鬼區即鬼方。

〔三〕尚書五福：一曰壽，二曰富，三曰康寧，四曰攸好德，五曰考終命。來儀謂鳳也。書曰：「鳳皇來儀。」

秋，令是月養衰老，授几杖，行糜粥飲食。〔一〕其賜高年二人共布帛各一匹，以爲醴酪。死罪囚犯法在丙子赦前而後捕繫者，皆減死，勿笞，詣金城戍。

〔一〕月令仲秋之令。

八月癸酉，南巡狩。壬午，遣使者祠昭靈后於小黃園。〔一〕甲申，徵任城王尚會睢陽。

戊子，幸梁。己丑，遣使祠沛高原廟，豐枌榆社。〔二〕乙未，幸沛，祠獻王陵，徵會東海王政。乙未晦，日有食之。九月庚子，幸彭城，東海王政、沛王定、任城王尙皆從。辛亥，幸壽春。壬子，詔郡國中都官繫囚減死罪一等，詣金城戍；犯殊死者，一切募下蠶室；其女子宮；繫囚鬼薪、白粲已上，減罪一等，輸司寇作。亡命者贖：死罪縑二十匹，右趾至髡鉗城旦舂七匹，完城旦至司寇三匹；吏民犯罪未發覺，詔書到自告者，半入贖。復封阜陵侯延爲阜陵王。己未，幸汝陰。〔三〕冬十月丙子，車駕還宮。

〔一〕小黃，縣，屬陳留郡，故城在今汴州陳留縣東北。漢舊儀曰：「昭靈后，高祖母，起兵時死小黃北，後爲作園廟于小黃柵。」陳留風俗傳曰：「沛公起兵野戰，喪皇妣于黃鄉。天下平定，(仍)〔乃〕使使者以梓宮招魂幽野，於是丹蛇在水，自洒濯之，入于梓宮，其浴處有遺髮，故謚曰昭靈夫人。」

〔二〕前書音義曰：「枌，白榆。高祖里社在豐縣東北十五里。」原廟，解見光武紀。

〔三〕縣名，屬汝南郡，今潁(川)〔州〕縣。

北匈奴屋蘭儲等率衆降。

是歲，西域長史班超擊莎車，大破之。月氏國遣使獻扶拔、師子。〔一〕

〔一〕扶拔，似麟無角。拔音步末反。

二年春正月，濟南王康、阜陵王延、中山王焉來朝。

〔二月〕壬辰，帝崩於章德前殿，年三十三。遺詔無起寢廟，一如先帝法制。

論曰：魏文帝稱「明帝察察，章帝長者」。〔一〕章帝素知人厭明帝苛切，事從寬厚。感陳寵之義，除慘獄之科。〔二〕深元元之愛，著胎養之令。〔三〕奉承明德太后，盡心孝道。割裂名都，以崇建周親。〔四〕平傜簡賦，而人賴其慶。又體之以忠恕，文之以禮樂。故乃蕃輔克諧，羣后德讓。謂之長者，不亦宜乎！在位十三年，郡國所上符瑞，合於圖書者數百千所。烏呼懋哉！〔五〕

〔一〕以上華嶠之辭。

〔二〕寵時爲尚書，以吏政嚴切，乃上書除慘酷之科五十餘條，具本傳也。

〔三〕元和二年令，諸懷妊者賜穀，人三斛。

〔四〕周，至也。

〔五〕懋，美也。

贊曰：肅宗濟濟，天性愷悌。於穆后德，諒惟淵體。〔一〕左右藝文，斟酌律禮。〔二〕思服帝道，弘此長懋。儒館獻歌，戎亭虛候。〔三〕氣調時豫，憲平人富。

〔一〕於穆，歎美也。尚書曰「齊聖廣淵」也。

〔二〕蓺文謂諸儒講五經同異，帝親稱制論決也。律謂詔云「立春不以報囚」也。禮謂修禘祫，登靈臺之屬。

〔三〕獻歌謂崔駰游太學時上四巡等頌。

校勘記

一三〇頁一三行　第五倫　「第」原作「弟」，第弟古通作，今改歸一律。

一三〇頁一六行　劬勞日昗　汲本、集解本「昗」作「𣅳」，局本作「昃」。按：校補謂「昃」本作「庂」，亦作「昦」，昗乃俗字，𣅳又昦之譌變。

一三一頁一三行　前書蓺文志（曰）　據刊誤刪。

一三一頁一五行　三祧則時享　按：刊誤謂自古但有二祧，無三祧，明「三」字誤。

一三二頁二行　立秋嘗粢盛酎　按：刊誤謂漢制立秋嘗粢，八月飲酎，此文誤出一「盛」字，少「八月飲」三字。

一三三頁五行　其以見穀賑給貧人　按：刊誤謂詔無他語，不當有「其」字。

一三三頁一〇行　稍（爲）〔謂〕少　據刊誤改。按：爲謂古通作，後如此不悉改。

一三四頁一四行　飢饉屢臻　按：饑饉之「饑」與飢餓之「飢」原有別，此當作「饑」，然各本饑飢多通作，故不改。

一三五頁六行　內中國而外諸夏內諸(侯)〔夏〕而外夷狄　據今公羊傳改。

一三五頁六行　曷以內外之辭言自近者始也　刊誤謂案公羊本文「曷爲以內外之辭言之，言自近者始也」，少「之言」二字。今按：前人引書，每多刪節，無「之言」二字，義亦自明，故不依劉說補。

一三六頁八行　卽今岷(山之)州　據集解王先謙說刪。

一三六頁九行　西域假司馬班超擊姑墨　按：校補引侯康說，謂據本傳當作「軍司馬」，此與下五年均誤。

一三七頁六行　按：此注原在「千乘王」下，今據汲本、殿本移正。

一三七頁一一行　葬明德皇(太)后　集解引錢大昕說，謂按光烈、章德、和熹、安思、順烈、桓思、靈思諸后之葬皆書皇后，此獨書太后，「太」字疑衍。今據刪。

一四〇頁一行　不書穀〔名〕　據校補補。

一四二頁四行　甲辰詔〔曰〕　據刊誤補。

一四二頁一〇行　日南者用犀角二　按：殿本考證謂「者」似當作「皆」。

一四三頁五行—六行　己酉進幸鄴　辛卯車駕還宮　按：己酉不當在辛卯前，疑有誤。

一四四頁一行　前書曰　按：「前書」下當有「音義」二字，此脫。

一四四頁七行　高祖初都櫟陽　按：漢書注引三輔黃圖作「高祖初居櫟陽」。又按：汲本、殿本、集解本「櫟陽」誤作「洛陽」。

一四四頁一五行　三月辛卯　按：校補引錢大昭說，謂「辛卯」傳作「己卯」。

一四六頁一一行　又景帝（京師）定篚令　據刊誤刪。

一四九頁九行　時待詔張盛京房鮑業等　按：集解引錢大昕說，謂「京房」當作「景防」。

一五〇頁一一行　有堯母慶都墓　按：殿本「墓」作「臺」。

一五〇頁一五行　公羊傳（注）曰　據校補補。

一五〇頁一五行　所以通三正也　按：公羊隱三年注「正」作「統」。殿本「正」作「王」，誤。

一五一頁七行　西域人多著冒而（須）長　據刊誤補。

一五一頁八行　去陽關五千八百五十里　按：前書作「五千八百八十八里」。

一五一頁一〇行　駿奔走（在廟）　按：集解引惠棟說，謂案梅氏武成，衍「在廟」二字，周頌有之，涉此而訛。今據刪。

一五二頁一七行　在今澤州晉城縣南　按：「晉」原譌「普」，逕改正。

一五三頁七行　孫柔之瑞（應）圖曰　按：御覽九百十六及廣韻二十六桓鸞字注引並作「瑞應圖」，今據補。

一五二頁七行　雞身赤(毛)〔尾〕　據殿本、集解本改。

一五三頁二行　禮(記)〔緯〕曰　據集解引惠棟說改。

一五三頁六行　王者受命　按：「受」原譌「授」，逕改正。

一五三頁一三行　鳳皇見肥城句窳亭槐樹上　按：校補謂殿本「鳳皇」作「黃龍」，與聚珍本東觀記合。惟「句窳亭」東觀記作「窳亭」。

一五四頁五行　周禮(鄉)〔大〕司徒　據殿本改。

一五四頁一三行　不克堂(桓)〔構〕　據殿本、集解本改。注同。按：姚範謂正文及注「構」俱誤「桓」，蓋宋世避高宗之諱，刊本者不知，誤以為欽宗之諱也，故「桓」字猶缺下畫。

一五五頁二行　〔霍〕在(今)廬江灊縣西南　據張森楷校勘記改，與郡國志合。

一五六頁二行　房山在今恆州房山縣(縣)西北　據殿本考證刪。按：「在今」原誤「今在」，逕乙正。

一五六頁三行　大司農宋由為太尉　按：集解引惠棟說，謂袁紀「宋由」作「宗由」。

一五七頁四行　護羌校尉劉盱討之　按：集解引錢大昕說，謂以西羌傳校之，其時校尉乃張紆，非劉盱也。

一五八頁八行　(仍)〔乃〕使使者　據刊誤改。

一五八頁一一行　今潁〔川〕〔州〕縣　張森楷校勘記謂監本「川」作「州」，是。今據改。

一五九頁二行　〔二月〕壬辰　集解引惠棟說，謂袁紀作「二月壬辰」。今據補。按：是年正月甲午朔，無壬辰。二月癸亥朔，壬辰，二月三十日也。又按：凡新君即位，皆在先帝崩日，和帝紀「章和二年二月壬辰即皇帝位」，益足證此「壬辰」之上實脫「二月」二字也。

一五九頁二行　年三十三　按：惠棟補注引蔣杲說，謂章帝即位年十九，在位十三年，年三十二。

一五九頁三行　章帝素知人厭明帝苛切　按：羣書治要「人」作「民」。

一五九頁三行　感陳寵之義　按：張森楷校勘記謂羣書治要「義」作「議」，是。

後漢書卷四

孝和孝殤帝紀第四

孝和皇帝諱肇，〔一〕肅宗第四子也。母梁貴人，爲竇皇后所譖，憂卒，竇后養帝以爲己子。建初七年，立爲皇太子。

〔一〕諡法曰：「不剛不柔曰和。」伏侯古今注曰：「肇之字曰始。肇音兆。」臣賢案：許慎說文「肇音大可反，上諱也」。但伏侯、許慎並漢時人，而帝諱不同，蓋應別有所據。

章和二年二月壬辰，即皇帝位，年十歲。尊皇后曰皇太后，太后臨朝。

三月丁酉，改淮陽爲陳國，〔一〕楚郡爲彭城國，〔二〕西平并汝南郡，〔三〕六安復爲廬江郡。〔四〕遺詔徙西平王羨爲陳王，六安王恭爲彭城王。

〔一〕今陳州。

〔二〕今徐州。

〔三〕西平，縣，故柏子國也。在今豫州吳房縣西北。

〔四〕即今廬州廬江縣西故舒城是。

癸卯，葬孝章皇帝于敬陵。〔一〕

〔一〕在洛陽城東南三十九里。古今注曰：「陵周三百步，高六丈二尺。」

庚戌，皇太后詔曰：「先帝以明聖，奉承祖宗至德要道，天下清靜，庶事咸寧。今皇帝以幼年，煢煢在疚，〔一〕朕且佐助聽政。外有大國賢王並爲蕃屏，內有公卿大夫統理本朝，恭己受成，夫何憂哉！〔二〕然守文之際，必有內輔以參聽斷。侍中憲，朕之元兄，行能兼備，忠孝尤篤，先帝所器，親受遺詔，當以舊典輔斯職焉。憲固執謙讓，節不可奪。今供養兩宮，〔三〕宿衞左右，厥事已重，亦不可復勞以政事。故太尉鄧彪，元功之族，三讓彌高，〔四〕海內歸仁，爲羣賢首，先帝褒表，欲以崇化。今彪聰明康彊，可謂老成黃耇矣。〔五〕其以彪爲太傅，賜爵關內侯，錄尚書事，百官總己以聽，〔六〕朕庶幾得專心內位。於戲！羣公其勉率百僚，各修厥職，愛養元元，綏以中和，稱朕意焉。」

〔一〕疚，病也。煢煢然在憂病之中也。「煢」或作「嬛」。詩周頌云：「嬛嬛在疚。」

〔二〕孔子曰：「舜何爲哉？恭己正南面而已。」尚書曰：「予小子垂拱仰成。」

〔三〕兩宮謂帝宮、太后宮。

〔四〕元功謂高密侯禹也。彪父邯，中興初有功，封鄳侯。父卒，彪讓國異母弟鳳。論語孔子曰：「太伯三以天下讓，民無得而稱焉。」鄭玄注云：「太伯，周太王之長子，欲讓其弟季歷。太王有疾，太伯因適吳、越採藥，太王薨而不返，季歷爲喪主，一讓也。季歷赴之，不來奔喪，二讓也。終喪之後，遂斷髮文身，三讓也。」彪讓封弟，故以比之。鄗音莫杏反。

〔五〕老成言老而有成德也。詩大雅曰：「雖無老成人。」黃謂髮落更生黃者。耇亦老也。詩序曰：「外尊事黃耇。」

〔六〕古者君在諒闇，百官總己之職事以聽於冢宰。錄尚書事則冢宰之任也。

辛酉，有司上奏：「孝章皇帝崇弘鴻業，德化普洽，垂意黎民，留念稼穡。文加殊俗，武暢方表，界惟人面，無思不服。巍巍蕩蕩，莫與比隆。〔一〕周頌曰：『於穆清廟，肅雝顯相。』〔二〕請上尊廟曰肅宗，共進武德之舞。」制曰：「可。」

〔一〕「巍巍乎其有成功，蕩蕩乎人無能名焉。」孔子美帝堯之詞，見論語。

〔二〕清廟，文王廟也。於穆，歎美之詞，言助祭者禮儀敬且和也。

癸亥，陳王羨、彭城王恭、樂成王黨、下邳王衍、梁王暢始就國。〔一〕

〔一〕建初三年，章帝不忍與諸王乖離，皆留京師，今遣之國。

夏四月丙子，謁高廟。丁丑，謁世祖廟。

戊寅，詔曰：「昔孝武皇帝致誅胡、越，故權收鹽鐵之利，〔一〕以奉師旅之費。自中興以來，匈奴未賓，永平末年，復修征伐。先帝即位，務休力役，然猶深思遠慮，安不忘危，探觀舊典，復收鹽鐵，欲以防備不虞，寧安邊境。而吏多不良，動失其便，以違上意。先帝恨之，故遺戒郡國罷鹽鐵之禁，縱民煮鑄，入稅縣官如故事。〔二〕其申勅刺史、二千石，奉順聖旨，勉弘德化，布告天下，使明知朕意。」

〔二〕武帝使孔僅、東郭咸陽乘傳舉行天下鹽鐵，作官府收利，私家更不得鑄鐵煮鹽。

〔三〕前書音義曰：「縣官謂天子。」

五月，京師旱。詔長樂少府桓郁侍講禁中。〔一〕

〔一〕長樂宮之少府也。郁，桓榮子也。

冬十月乙亥，以侍中竇憲爲車騎將軍，伐北匈奴。

安息國遣使獻師子、扶拔。〔一〕

〔一〕扶拔，解見章紀。

永元元年春三月甲辰，初令郎官詔除者得占丞、尉，以比秩爲眞。〔一〕

〔一〕漢官儀曰：「羽林郎出補三百石丞、尉自占。丞、尉小縣(丞尉)三百石，其次四百石，比秩爲眞，皆所以優之。」

夏六月，車騎將軍竇憲出雞鹿塞，〔一〕度遼將軍鄧鴻出(棝)〔稒〕陽塞，〔二〕南單于出滿夷谷，〔三〕與北匈奴戰於稽落山，大破之，追至(和)〔私〕渠(北)〔比〕鞮海。竇憲遂登燕然山，刻石勒功而還。北單于遣弟右溫禺鞮王〔四〕奉奏貢獻。

〔一〕今在朔方窳渾縣北。闞駰十三州志云：「窳渾縣有大道，西北出雞鹿塞。」窳音羊主反。

〔二〕(棝)〔稒〕陽，縣，屬(九)〔五〕原郡，故城在今勝州銀城縣界。(棝)〔稒〕音固。

〔三〕滿夷谷，闕。

〔四〕鞮音丁兮反。

秋七月乙未，會稽山崩。

閏月丙子，詔曰：「匈奴背叛，爲害久遠。賴祖宗之靈，師克有捷，醜虜破碎，遂掃厥庭，〔一〕役不再籍，〔二〕萬里淸蕩，非朕小子眇身所能克堪。有司其案舊典，告類薦功，以章休烈。」〔三〕

〔一〕詩曰：「仍執醜虜。」庭謂單于所常居也。

〔二〕猶言不籍再舉。

〔三〕類，祭天也。書曰：「類于上帝。」薦，進也，以功進告於天。

九月庚申，以車騎將軍竇憲爲大將軍，以中郎將劉尙爲車騎將軍。

冬十月，令郡國弛刑輸作軍營。其徒出塞者，刑雖未竟，皆免歸田里。

庚子，阜陵王延薨。

是歲，郡國九大水。

二年春正月丁丑，大赦天下。

二月壬午，日有食之。〔一〕

〔一〕東觀記曰：「史官不覺，涿郡言之。」

己亥，復置西河、上郡屬國都尉官。〔一〕

〔一〕前書西河郡美稷縣、上郡龜茲縣並有屬國都尉，其秩比二千石。十三州志曰：「典屬國，武帝置，掌納匈奴降者也，哀帝省并大鴻臚。」故今復置之。

夏五月庚戌，分太山爲濟北國，分樂成、涿郡、勃海爲河閒國。丙辰，封皇弟壽爲濟北王，開爲河閒王，淑爲城陽王，紹封故淮陽王昞子側爲常山王。賜公卿以下至佐史錢布各有差。

己未，遣副校尉閻磐討北匈奴，取伊吾盧地。

丁卯，紹封故齊王晃子無忌爲齊王，北海王睦子威爲北海王。

車師前後王並遣子入侍。〔一〕

〔一〕車師有後王、前王，前王卽後王之子，其庭相去五百里。

月氏國遣兵攻西域長史班超，超擊降之。

六月辛卯，中山王焉薨。

秋七月乙卯，大將軍竇憲出屯涼州。九月，北匈奴遣使稱臣。冬十月，遣行中郎將班固報命南單于。遣左谷蠡王師子〔一〕出雞鹿塞，擊北匈奴於河雲北，大破之。

〔一〕左谷蠡，匈奴王號，師子其名也。谷音鹿。蠡音離。

三年春正月甲子，皇帝加元服，〔一〕賜諸侯王、公、將軍、特進、〔二〕中二千石、列侯、宗室子孫在京師奉朝請者黃金，〔三〕將、大夫、郎吏、從官帛。〔四〕賜民爵及粟帛各有差，大酺五日。郡國中都官繫囚死罪贖縑，至司寇及亡命，各有差。庚辰，賜京師民酺，布兩戶共一匹。

〔一〕元，首也。謂加冠於首。儀禮：「冠者先筮日，後筮賓。」東觀記曰：「時太后詔袁安爲賓，賜束帛、乘馬。」

〔二〕漢官儀曰：「諸侯功德優盛，朝廷所敬異者，賜位特進，在三公下。」

〔三〕奉朝請，無員，三公、外戚、宗室、諸侯多奉朝請。漢律：「春曰朝，秋曰請。」

〔四〕將謂五官及左右郎將也。大夫謂光祿、太中、中散、諫議大夫也。十三州志曰：「大夫皆掌顧問、應對、言議。夫之言扶也，言能扶持君父也。」

二月，大將軍竇憲遣左校尉耿夔出居延塞，〔一〕圍北單于於金微山，大破之，獲其母閼

氏。〔三〕

〔一〕居延，縣，屬張掖郡，居延澤在東北。武帝使伏波將軍路博德築遮虜障於居延城。

〔二〕閼氏，匈奴后之號也，音焉支。

夏六月辛卯，尊皇太后母比陽公主〔一〕爲長公主。

〔一〕東海恭王彊女。

辛丑，阜陵王种薨。〔一〕

〔一〕阜陵王延之子。

冬十月癸未，行幸長安。詔曰：「北狄破滅，名王仍降，〔一〕西域諸國，納質內附，豈非祖宗迪哲重光之鴻烈歟？〔二〕寤寐歎息，想望舊京。其賜行所過二千石長吏已下及三老、官屬錢帛，各有差；鰥、寡、孤、獨、篤癃、貧不能自存者粟，人三斛。」

〔一〕仍，頻也。

〔二〕迪，蹈也。言由祖宗蹈履明智，有重光累聖之德，成此大業也。書曰「茲四人迪哲」，又曰「宣重光」也。

十一月癸卯，祠高廟，遂有事十一陵。詔曰：「高祖功臣，蕭、曹爲首，有傳世不絕之義。曹相國後容城侯無嗣。朕望長陵東門，見二臣之壠，〔一〕循其遠節，每有感焉。忠義獲寵，古今所同。可遣使者以中牢祠，大鴻臚求近親宜爲嗣者，須景風紹封，以章厥功。」〔二〕

〔一〕東觀記曰：「蕭何墓在長陵東司馬門道北百步。」廟記云：「曹參冢在長陵旁道北，近蕭何冢。」

〔三〕續漢志曰：「大鴻臚掌封拜諸侯及其嗣。」春秋考異郵曰：「夏至四十五日，景風至，則封有功也。」

十二月，復置西域都護、騎都尉、戊己校尉官。

庚辰，至自長安，減弛刑徒從駕者刑五月。

四年春正月，北匈奴右谷蠡王於除鞬自立爲單于，款塞乞降。〔一〕遣大將軍左校尉耿夔授璽綬。〔二〕

〔一〕於除鞬，其名也。鞬音九言反。

〔二〕東觀記曰：「賜玉具劍，羽蓋車一駟，中郎將持節衞護焉。」

三月癸丑，司徒袁安薨。閏月丁丑，太常丁鴻爲司徒。

夏四月丙辰，大將軍竇憲還至京師。

六月戊戌朔，日有食之。丙辰，郡國十三地震。

竇憲潛圖弒逆。庚申，幸北宮。詔收捕憲黨射聲校尉郭璜，〔一〕璜子侍中舉，衞尉鄧疊，疊弟步兵校尉磊，皆下獄死。使謁者僕射〔二〕收憲大將軍印綬，遣憲及弟篤、景就國，到皆自殺。

〔一〕郭況子也。東觀記(曰)「璜」作「瑝」，音同。

〔三〕續漢書曰「謁者僕射一人，秩千石，爲謁者臺率，主謁者。天子出，奉引」也。

是夏，旱，蝗。

秋七月己丑，太尉宋由坐黨憲自殺。

八月辛亥，司空任隗薨。〔一〕

〔一〕任光子也。

癸丑，大司農尹睦爲太尉，錄尚書事。〔一〕

〔一〕錄謂總領之也。錄尚書自牟融始也。

丁巳，賜公卿以下至佐史錢穀各有差。

冬十月己亥，宗正劉方爲司空。

十二月壬辰，詔：「今年郡國秋稼爲旱蝗所傷，其什四以上勿收田租、芻稾；有不滿者，以實除之。」〔一〕

〔一〕所損十不滿四者，以見損除也。

武陵零陵澧中蠻叛。燒當羌寇金城。

五年春正月乙亥，宗祀五帝於明堂，遂登靈臺，望雲物。大赦天下。

戊子，千乘王伉薨。

辛卯，封皇弟萬歲爲廣宗王。〔一〕

〔一〕廣宗，縣名，今貝州宗城縣。隋煬帝諱廣，故改爲宗城。

二月戊戌，詔有司省減內外廄及涼州諸苑馬。〔一〕自京師離宮果園上林廣成囿悉以假貧民，恣得采捕，不收其稅。

〔一〕說文曰：「廄，馬舍也。」漢官儀曰：「未央大廄，長樂、承華等廄令，皆秩六百石。」又云：「牧師諸菀三十六所，分置西北邊，分養馬三十萬頭。」

丁未，詔曰：「去年秋麥入少，恐民食不足。其上尤貧不能自給者戶口人數。往者郡國上貧民，以衣履釜鬵爲貲，而豪右得其饒利。〔一〕詔書實覈，〔二〕欲有以益之，而長吏不能躬親，反更徵召會聚，令失農作，愁擾百姓。若復有犯者，二千石先坐。」

〔一〕鬵音尋。方言曰：「甑，自關而東謂之鬵。」貧人旣計釜甑以爲資財，懼於役重，多卽賣之，以避科稅。豪富之家乘賤買，故得其饒利。

〔二〕說文云：「覈，考實事也。」

甲寅，太傅鄧彪薨。

戊午，隴西地震。

三月戊子，詔曰：「選舉良才，爲政之本。科別行能，必由鄉曲。〔一〕而郡國舉吏，不加簡擇，故先帝明敕在所，令試之以職，乃得充選。〔二〕又德行尤異，不須經職者，別署狀上。而宣布以來，出入九年，二千石曾不承奉，恣心從好，司隸、刺史訖無糾察。〔三〕今新蒙赦令，且復申敕，後有犯者，顯明其罰。在位不以選舉爲憂，督察不以發覺爲負，〔四〕非獨州郡也。是以庶官多非其人。下民被姦邪之傷，由法不行故也。」

〔一〕周禮：「鄉大夫掌其鄉之政教，考其德行，察其道藝，三年而舉賢能者於王。」

〔二〕漢官儀曰：「建初八年十二月己未，詔書辟士四科：一曰德行高妙，志節清白；二曰經明行脩，能任博士；三曰明曉法律，足以決疑，能案章覆問，文任御史；四曰剛毅多略，遭事不惑，明足照姦，勇足決斷，才任三輔令。皆存孝悌清公之行。自今已後，審四科辟召，及刺史、二千石察舉茂才尤異孝廉吏，務實校試以職。有非其人，不習曹事，正舉者故不以實法。」

〔三〕訖，竟也。

〔四〕負亦憂也。

庚寅，遣使者分行貧民，舉實流冗，〔一〕開倉賑稟三十餘郡。

〔一〕冗，散也。流散者舉案其實而給之。

夏四月壬子，封阜陵王种兄魴爲阜陵王。〔一〕

〔一〕种無嗣，故以魴襲也。

六月丁酉，郡國三雨雹。〔一〕

〔一〕東觀記曰：「大如鴈子。」

秋九月辛酉，廣宗王萬歲薨，無子，國除。

匈奴單于於除鞬叛，遣中郎將任尚討滅之。

壬午，令郡縣勸民蓄蔬食以助五穀。〔一〕其官有陂池，令得采取，勿收假稅二歲。〔二〕

〔一〕蓄，積也。

〔二〕假猶租賃。

冬十月辛未，太尉尹睦薨。〔一〕十一月乙丑，太僕張酺爲太尉。

〔一〕漢官儀曰：「睦字伯師，鞏人。」

是歲，武陵郡兵破叛蠻，降之。護羌校尉貫友討燒當羌，羌乃遁去。南單于安國叛，骨都侯喜斬之。

六年春正月，永昌徼外夷遣使譯獻犀牛、大象。

己卯，司徒丁鴻薨。

二月乙未，遣謁者分行稟貸三河、兗、冀、青州貧民。

許〔陽〕侯馬光自殺。〔一〕

〔一〕東觀記曰：「光前坐黨附竇憲，歸國，爲憲客奴所誣告，乃自殺。」

丁未，司空劉方爲司徒，太常張奮爲司空。

三月庚寅，詔流民所過郡國皆實稟之，其有販賣者勿出租稅，〔一〕又欲就賤還歸者，復一歲田租、更賦。〔二〕

〔一〕漢循周法，商賈有稅，流人販賣，故矜免之。

〔二〕復音福。

丙寅，詔曰：「朕以眇末，承奉鴻烈。陰陽不和，水旱違度，濟河之域，凶饉流亡，〔一〕而未獲忠言至謀，所以匡救之策。寤寐永歎，用思孔疚。〔二〕惟官人不得於上，黎民不安于下，有司不念寬和，而競爲苛刻，覆案不急，以妨民事，〔三〕甚非所以上當天心，下濟元元也。思得忠良之士，以輔朕之不逮。其令三公、中二千石、二千石、內郡守相舉賢良方正、能直言極諫之士各一人。昭巖穴，披幽隱，遣詣公車，〔四〕朕將悉聽焉。」帝乃親臨策問，選補郎吏。

〔一〕尚書曰「濟河惟兗州」，言東南據濟，西北距河。

〔二〕孔，甚也。疚，病也。詩云：「憂心孔疚。」

〔三〕不急謂非要。

〔四〕前書音義曰：「公車，署名也，公車所在，故以名焉。」漢官儀曰：「公車令一人，秩六百石，掌殿門。諸上書詣闕下者，皆集奏之；凡所徵召，亦總領之。」

夏四月，蜀郡徼外羌率種人遣使內附。

五月，城陽王淑薨，無子，國除。〔一〕

〔一〕章帝子也。

六月己酉，初令伏閉盡日。〔一〕

〔一〕漢官舊儀曰：「伏日萬鬼行，故盡日閉，不干它事。」

秋七月，京師旱。詔中都官徒各除半刑，謫其未竟，五月已下皆免遣。丁巳，幸洛陽寺，〔一〕錄囚徒，舉冤獄。收洛陽令下獄抵罪，司隸校尉、河南尹皆左降。未及還宮而澍雨。

〔一〕寺，官舍也。風俗通云：「寺，嗣也。理事之吏，嗣續於其中。」

西域都護班超大破焉耆、尉犂，斬其王。自是西域降服，納質者五十餘國。

南單于安國從弟子逢侯率叛胡亡出塞。九月癸丑，以光祿勳鄧鴻行車騎將軍事，與越騎校尉馮柱、行度遼將軍朱徽、使匈奴中郎將杜崇討之。冬十一月，護烏桓校尉任尚率烏桓、鮮卑，大破逢侯，〔一〕馮柱遣兵追擊，復〔破〕之。

〔一〕闞駰十三州志曰：「護烏丸，擁節，秩比二千石，武帝置，以護內附烏丸，既而幷於匈奴中郎將。中興初，班彪上言宜復此官，以招附東胡，乃復更置焉。」

詔以勃海郡屬冀州。

武陵澧中蠻叛，郡兵討平之。

七年春正月，行車騎將軍鄧鴻、度遼將軍朱徽、中郎將杜崇皆下獄死。〔一〕

〔一〕時南單于安國與崇不相平，乃上書告崇。崇令斷其章，緣此驚叛，安國卒見殺。帝後知之，皆徵下獄。

夏四月辛亥朔，日有食之。帝引見公卿問得失，令將、大夫、御史、謁者、博士、議郎、郎官會廷中，各言封事。〔二〕詔曰：「元首不明，化流無良，政失於民，謫見于天。〔三〕深惟庶事，五教在寬，是以舊典因孝廉之舉，以求其人。〔三〕有司詳選郎官寬博有謀才任典城者三十人。」〔四〕既而悉以所選郎出補長、相。〔五〕

〔一〕十三州志曰：「侍御史，周官，卽柱下史。秩六百石，掌注記言行，糾諸不法，員十五人。出有所案，則稱使者焉。謁者，秦官也。員七十人，皆選孝廉年未五十，曉解儐贊者。歲盡拜縣令、長（史）及都官府丞、長史。博士，秦官。博通古今，秩皆六百石。孝武初置五經博士，後稍增至十四員。取聰明威重者一人爲祭酒，主領焉。議郎、郎官，皆秦官也。冗無所掌，秩六百石或四百石。」

〔二〕謫，譴責也。禮曰：「陽事不得，謫見于天，日爲之食。」

〔三〕武帝元光元年，董仲舒初開其議，詔郡國舉孝廉各一人。

〔四〕任，堪也，音仁林反。

〔五〕長，縣長；相，侯相也。十三州志云：「縣爲侯邑，則令、長爲相，秩隨令、長本秩。」

五月辛卯，改千乘國爲樂安國。〔一〕

〔一〕千乘故城在今淄州高苑縣北。樂安故城在今青州博昌縣南。

六月丙寅，沛王定薨。

秋七月乙巳，易陽地裂。〔一〕九月癸卯，京師地震。

〔一〕易陽，縣，在易水之陽，今易州也。

八年春二月己丑，立貴人陰氏爲皇后。賜天下男子爵，人二級，三老、孝悌、力田三級，民無名數及流民欲占者一級；鰥、寡、孤、獨、篤癃、貧不能自存者粟，人五斛。

夏四月癸亥，樂成王黨薨。

甲子，詔賑貸并州四郡貧民。

五月，河內、陳留蝗。

南匈奴右溫禺犢王叛，爲寇。秋七月，行度遼將軍龐奮、越騎校尉馮柱追討之，斬右溫禺犢王。

車師後王叛，擊其前王。

八月辛酉，飲酎。詔郡國中都官繫囚減死一等，詣敦煌戍。其犯大逆，募下蠶室；其女子宮。自死罪已下，至司寇及亡命者入贖，各有差。

九月，京師蝗。吏民言事者，多歸責有司。詔曰：「蝗蟲之異，殆不虛生，〔一〕萬方有罪，在予一人，而言事者專咎自下，非助我者也。朕寤寐恫矜，思弭憂釁。〔二〕昔楚嚴無災而懼，〔三〕成王出郊而反風。〔四〕將何以匡朕不逮，以塞災變？百僚師尹勉修厥職，刺史、二千石詳刑辟，理冤虐，恤鰥寡，矜孤弱，思惟致災興蝗之咎。」

〔一〕禮記月令曰：「孟夏行春令，則蝗蟲爲災。」洪範五行傳曰：「貪利傷人，則蝗蟲損稼。」

〔二〕尚書曰：「恫矜乃身。」孔安國注曰：「恫，痛也。矜，病也。言如痛病在身，欲除之也。」矜音古頑反。

〔三〕解見明紀。

〔四〕成王疑周公，天乃大風，禾則盡偃；王乃出郊祭，天乃反風起禾。事見尚書。

庚子，復置廣陽郡。〔一〕

〔一〕高帝時燕國也，昭帝元鳳元年爲廣陽郡，宣帝本始元年更爲國也。

冬十月乙丑，北海王威有罪自殺。〔一〕

〔一〕北海，郡，今青州縣。

十二月辛亥，陳王羨薨。

丁巳，南宮宣室殿火。

九年春正月，永昌徼外蠻夷及撣國重譯奉貢。〔一〕

〔一〕撣音擅。東觀記作「擅」，俗本以「禪」字相類或作「禪」者，誤也。說文曰：「譯，傳四夷之語也。」

三月庚辰，隴西地震。

癸巳，濟南王康薨。

西域長史王林擊車師後王，斬之。

夏四月丁卯，封樂成王黨子巡爲樂成王。

六月，蝗、旱。戊辰，詔：「今年秋稼爲蝗蟲所傷，皆勿收租、更、芻稾；若有所損失，以實除之，餘當收租者亦半入。其山林饒利，陂池漁採，以贍元元，勿收假税。」秋七月，蝗蟲飛過京師。

八月，鮮卑寇肥如，〔一〕遼東太守祭參下獄死。〔二〕

〔一〕肥如，縣，屬遼西郡。前書音義曰：「肥子奔燕，封於此。」今平州也。

〔二〕東觀記曰：「鮮卑千餘騎攻肥如城，殺略吏人，祭參坐沮敗，下獄誅。」

閏月辛巳，皇太后竇氏崩。丙申，葬章德皇后。

燒當羌寇隴西，殺長吏，遣行征西將軍劉尙、越騎校尉趙世等討破之。

九月庚申，司徒劉方策免，自殺。

甲子，追尊皇妣梁貴人爲皇太后。冬十月乙酉，改葬恭懷梁皇后于西陵。〔一〕

〔一〕謚法曰：「正德美容曰恭，執義揚善曰懷。」東觀記曰：「改殯承光宮，儀比敬園。初，后葬有闕，竇后崩後，乃議改葬。」

十一月癸卯，光祿勳河南呂蓋爲司徒。〔一〕十二月丙寅，司空張奮罷。壬申，太僕韓稜爲司空。

〔一〕蓋字君上，宛陵人也。

己丑，復置若盧獄官。〔一〕

〔一〕前書曰，若盧獄屬少府。漢舊儀曰「主鞫將相大臣」也。

十年春三月壬戌，詔曰：「隄防溝渠，所以順助地理，通利壅塞。〔一〕今廢慢懈弛，不以爲負。刺史、二千石其隨宜疏導。勿因緣妄發，以爲煩擾，將顯行其罰。」

〔一〕禮記月令曰：「季春之月，修利隄防，導達溝瀆，開通道路，無有障塞。」

夏五月，京師大水。〔一〕

〔一〕東觀記曰：「京師大雨，南山水流出至東郊，壞人廬舍。」

秋七月己巳，司空韓稜薨。八月丙子，太常太山巢堪爲司空。〔一〕

〔一〕堪字次朗，太山南城人。

九月庚戌，復置廩犧官。〔一〕

〔一〕漢官儀曰「廩犧令一人，秩六百石」也。

冬十月，五州雨水。

十二月，燒當羌豪迷唐等率種人詣闕貢獻。

戊寅，梁王暢薨。

十一年春二月，遣使循行郡國，稟貸被災害不能自存者，令得漁采山林池澤，不收假稅。

丙午，詔郡國中都官徒及篤癃老小女徒各除半刑，其未竟三月者，皆免歸田里。

夏四月丙寅，大赦天下。

己巳，復置右校尉官。〔一〕

〔一〕東觀記曰：「置在西河鵠澤縣。」

秋七月辛卯，詔曰：「吏民踰僭，厚死傷生，是以舊令節之制度。頃者貴戚近親，百僚師尹，莫肯率從，有司不舉，怠放日甚。又商賈小民，或忘法禁，奇巧靡貨，流積公行。其在位犯者，當先舉正。市道小民，但且申明憲綱，勿因科令，加虐羸弱。」

十二年春二月，旄牛徼外白狼、貗薄夷率種人內屬。〔一〕

〔一〕闞駰十三州志曰：「旄牛縣屬蜀郡。」前書曰，旄牛所出，歲貢其尾，以爲節旄。

詔貸被灾諸郡民種糧。賜下貧、鰥、寡、孤、獨、不能自存者，及郡國流民，聽入陂池漁采，以助蔬食。

三月丙申，詔曰：「比年不登，百姓虛匱。〔一〕京師去冬無宿雪，〔二〕今春無澍雨，黎民流離，困於道路。朕痛心疾首，靡知所濟。『瞻仰昊天，何辜今人？』〔三〕三公朕之腹心，而未獲承天安民之策。數詔有司，務擇良吏。今猶不改，競爲苛暴，侵愁小民，以求虛名，委任下吏，假埶行邪。是以令下而姦生，禁至而詐起。〔四〕巧法析律，飾文增辭，〔五〕貨行於言，罪成乎手，朕甚病焉。公卿不思助明好惡，將何以救其咎罰？咎罰既至，復令灾及小民。若上下同心，庶或有瘳。其賜天下男子爵，人二級，三老、孝悌、力田三級，民無名數及流民欲占者人一級；鰥、寡、孤、獨、篤癃、貧不能自存者粟，人三斛。」

〔一〕匱，乏也。

〔二〕以其經冬，故言宿也。

〔三〕詩大雅周宣王遇旱之詩。言今人何罪，而天令饑饉乎？

〔四〕董仲舒曰：「法出而姦生，令下而詐起。」

〔五〕禮記王制曰「析言破律」也。

壬子，賜博士員弟子在太學者布，人三匹。〔一〕

〔一〕武帝時置博士弟子，太常擇人年十八以上，儀狀端正者補焉。昭帝增員滿百人，宣帝倍之，元帝更設員千人，成帝更增員三千人。

夏四月，日南象林蠻夷反，〔一〕郡兵討破之。

〔一〕象林，縣，屬日南郡，今驩林州。

閏月，賑貸敦煌、張掖、五原民下貧者穀。

戊辰，秭歸山崩。〔一〕

〔一〕秭歸，縣，屬南郡，古之夔國，今歸州也。袁山松曰：「屈原此縣人，既被流放，忽然蹔歸，其姊亦來，因名其地為秭歸。」秭亦姊也。東觀記曰：「秭歸山高四百餘丈，崩填谿水，厭殺百餘人。」

六月，舞陽大水，賜被水災尤貧者穀，人三斛。

秋七月辛亥朔，日有食之。

九月戊午，太尉張酺免。丙寅，大司農張禹爲太尉。

冬十一月，西域蒙奇、兜勒二國遣使內附，賜其王金印紫綬。

是歲，燒當羌復叛。

十三年春正月丁丑，帝幸東觀，覽書林，閱篇籍，博選術蓺之士以充其官。

二月，任城王尙薨。

丙午，賑貸張掖、居延、朔方、日南貧民及孤、寡、羸弱不能自存者。

秋八月，詔象林民失農桑業者，賑貸種糧，稟賜下貧穀食。

己亥，北宮盛饌門閣火。

護羌校尉周鮪擊燒當羌，破之。

荆州雨水。九月壬子，詔曰：「荆州比歲不節，今茲淫水爲害，〔一〕餘雖頗登，而多不均浹，〔二〕深惟四民農食之本，慘然懷矜。其令天下半入今年田租、芻稾；有宜以實除者，如故事。貧民假種食，皆勿收責。」

〔一〕淮南子曰：「女媧積蘆灰以止淫水。」高誘注云：「平地出水爲淫水。」

〔三〕浹，洽。

冬十一月，安息國遣使獻師子及條枝大爵。〔一〕

〔一〕西域傳曰：「安息國居和櫝城，去洛陽二萬五千里。條支國臨西海，出師子、大雀。」郭義恭廣志曰：「大爵，頸及身膺蹄都似橐駝，舉頭高八九尺，張翅丈餘，食大麥，其卵如甕，即今之駝鳥也。」

丙辰，詔曰：「幽、并、涼州戶口率少，邊役衆劇，束脩良吏，進仕路狹。撫接夷狄，以人爲本。其令緣邊郡口十萬以上歲舉孝廉一人，不滿十萬二歲舉一人，五萬以下三歲舉一人。」

鮮卑寇右北平，遂入漁陽，漁陽太守擊破之。

戊辰，司徒呂蓋罷。十二月丁丑，光祿勳魯恭爲司徒。

辛卯，巫蠻叛，寇南郡。〔一〕

〔一〕巫，縣，屬南郡，故城在今夔州巫山縣也。

十四年春二月乙卯，東海王政薨。

繕修故西海郡，〔一〕徙金城西部都尉以戍之。

〔一〕平帝時金城塞外羌獻地，以爲西海郡也。光武建武中省金城入隴西郡，至是復繕修之。金城即今蘭州縣也。

三月戊辰，臨辟雍，饗射，大赦天下。

夏四月，遣使者督荆州兵討巫蠻，破降之。

庚辰，賑貸張掖、居延、敦煌、五原、漢陽、會稽流民下貧穀，各有差。

五月丁未，初置象林將兵長史官。〔一〕

〔一〕闞駰十三州志曰：「將兵長史居在日南郡，又有將兵司馬，去雒陽九千六百三十里。」

六月辛卯，廢皇后陰氏，后父特進綱自殺。

秋七月甲寅，詔復象林縣更賦、田租、芻稾二歲。

壬子，常山王側薨。

是秋，三州雨水。冬十月甲申，詔：「兗、豫、荆州今年水雨淫過，多傷農功。其令被害什四以上皆半入田租、芻稾；其不滿者，以實除之。」

辛卯，立貴人鄧氏爲皇后。

丁酉，司空巢堪罷。十一月癸卯，大司農徐防爲司空。

是歲，初復郡國上計補郎官。〔一〕

〔一〕上計，今計吏也。前書音義曰：「舊制，使郡丞奉歲計，武帝元朔中令郡國舉孝廉各一人與計偕，拜爲郎中。」中廢，今復之。

十五年春閏月乙未，詔流民欲還歸本而無糧食者，過所實稟之，疾病加致醫藥；其不欲還歸者，勿強。

二月，詔稟貸潁川、汝南、陳留、江夏、梁國、敦煌貧民。〔一〕

〔一〕前書音義曰：「陳留本鄭邑也，後爲陳所幷，故曰陳留。」今汴州縣也。江夏郡，高帝置。沔水自江別至南郡華容爲夏水，過郡入江，故曰江夏。

夏四月甲子晦，日有食之。五月戊寅，南陽大風。

六月，詔令百姓鰥寡漁采陂池，勿收假稅二歲。

秋七月丙寅，濟南王錯薨。〔一〕

〔一〕錯音七故反。

復置涿郡故安鐵官。〔一〕

〔一〕續漢書曰：「其郡縣有鹽官、鐵官者，隨事廣狹，置令、長及丞，秩次皆如縣也。」

九月壬午，南巡狩，清河王慶、濟北王壽、河閒王開並從。賜所過二千石長吏以下、三老、官屬及民百年者錢布，各有差。是秋，四州雨水。冬十月戊申，幸章陵，祠舊宅。癸丑，祠園廟，會宗室於舊廬，勞賜作樂。戊午，進幸雲夢，臨漢水而還。〔一〕十一月甲申，車駕還宮，賜從臣及留者公卿以下錢布，各有差。

〔一〕雲夢，今安州縣也，即在雲夢澤中。

十二月庚子，琅邪王宇薨。

有司奏，以爲夏至則微陰起，靡草死，可以決小事。〔一〕

〔一〕禮記月令曰：「孟夏之月，靡草死，麥秋至，斷薄刑，決小罪。」鄭玄注云：「靡草，薺、亭歷之屬。」臣賢案：五月一陰爻生，可以言微陰，今月令云「孟夏」，乃是純陽之月；此言「夏至」者，與月令不同。

是歲，初令郡國以日北至案薄刑。

十六年春正月己卯，詔貧民有田業而以匱乏不能自農者，貸種糧。

二月己未，詔兗、豫、徐、冀四州比年雨多傷稼，禁沽酒。夏四月，遣三府掾分行四州，貧民無以耕者，爲雇犂牛直。

五月壬午，趙王商薨。

秋七月，旱。戊午，詔曰：「今秋稼方穗而旱，雲雨不霑，疑吏行慘刻，不宣恩澤，妄拘無罪，幽閉良善所致。其一切囚徒於法疑者勿決，以奉秋令。〔一〕方察煩苛之吏，顯明其罰。」

〔一〕禮記月令曰：「孟秋之月，命有司修法制，繕囹圄，具桎梏，斷薄刑，決小罪。」

辛酉，司徒魯恭免。庚午，光祿勳張酺爲司徒。

辛巳，詔令天下皆半入今年田租、芻稾；其被灾害者，以實除之。貧民受貸種糧及田租、芻稾，皆勿收責。

八月己酉，司徒張酺薨。冬十月辛卯，司空徐防爲司徒，大鴻臚陳寵爲司空。

十一月己丑，行幸緱氏，登百岯山，〔一〕賜百官從臣布，各有差。

〔一〕即柏岯山也，在洛州緱氏縣南。爾雅云「山一成曰岯」，東觀記作「坯」，並音平眉反，流俗本或作「杯」者，誤也。

北匈奴遣使稱臣貢獻。

十二月，復置遼東西部都尉官。〔一〕

〔一〕西部都尉，安帝時以爲屬國都尉，在遼東郡昌黎城也。

元興元年春正月戊午，引三署郎召見禁中，〔一〕選除七十五人，補謁者、長、相。

〔一〕漢官儀：「三署謂五官署也，左、右署也，各置中郎將以司之。郡國舉孝廉以補三署郎，年五十以上屬五官，其次分在左、右署，凡有中郎、議郎、侍郎、郎中四等，無員。」禁中者，門戶有禁，非侍御者不得入，故謂禁中。

高句驪寇郡界。

夏四月庚午，大赦天下，改元元興。宗室以罪絕者，悉復屬籍。

五月癸酉，雍地裂。〔一〕

〔一〕東觀記曰「右扶風雍地裂」，流俗本「雍」下有「州」者，誤也。

秋九月，遼東太守耿夔擊貊人，破之。

冬十二月辛未，帝崩于章德前殿，年二十七。立皇子隆爲皇太子。賜天下男子爵，人二級，三老、孝悌、力田人三級，民無名數及流民欲占者人一級；鰥、寡、孤、獨、篤癃、貧不能自存者粟，人三斛。

自竇憲誅後，帝躬親萬機。每有灾異，輒延問公卿，極言得失。前後符瑞八十一所，自稱德薄，皆抑而不宣。舊南海獻龍眼、荔支，十里一置，五里一候，〔一〕奔騰阻險，死者繼路。時臨武長汝南唐羌，縣接南海，〔二〕乃上書陳狀。帝下詔曰：「遠國珍羞，本以薦奉宗廟。苟有傷害，豈愛民之本。其勑太官勿復受獻。」由是遂省焉。〔三〕

〔一〕南海，郡，秦置，今廣州縣也。廣雅曰：「益智，龍眼也。」交州記曰：「龍眼樹高五六丈，似荔支而小。」廣州記曰：「子似荔支而員，七月熟。荔支樹高五六丈，大如桂樹，實如雞子，甘而多汁，似安石榴。有甜醋者，至日禺中，翕然俱赤，卽可食。」置謂驛也。

〔二〕臨武，縣，屬桂陽郡，今郴州縣也。

〔三〕謝承書曰：「唐羌字伯游，辟公府，補臨武長。縣接交州，舊獻龍眼、荔支及生鮮，獻之，驛馬晝夜傳送之，至有遭虎狼毒害，頓仆死亡不絕。道經臨武，羌乃上書諫曰：『臣聞上不以滋味爲德，下不以貢膳爲功，故天子食太牢爲尊，不以果實爲珍。伏見交阯七郡獻生龍眼等，鳥驚風發。南州土地，惡蟲猛獸不絕於路，至於觸犯死亡之害。死者不可復生，來者猶可救也。此二物升殿，未必延年益壽。』帝從之。章報，羌即弃官還家，不應徵召，著唐子三十餘篇。」

論曰：自中興以後，逮于永元，雖頗有弛張，而俱存不擾，是以齊民歲增，闢土世廣。〔一〕偏師出塞，則漠北地空；都護西指，則通譯四萬。〔二〕豈其道遠三代，術長前世？將服叛去來，自有數也？

〔一〕齊，平也。

〔二〕西域傳曰：「班超定西域五十餘國，皆降服，西至海瀕，四萬里，皆重譯貢獻。」

孝殤皇帝諱隆，〔一〕和帝少子也。元興元年十二月辛未夜，即皇帝位，時誕育百餘日。〔二〕尊皇后曰皇太后，太后臨朝。〔三〕

〔一〕謚法曰：「短折不成曰殤。」古今注曰：「隆之字曰盛。」

〔二〕誕，大也。詩大雅：「誕彌厥月，先生如達。」鄭玄注云：「大矣后稷之在其母懷也，終人道十月而生。」詩又云：「載生載育。」育，長也，達音它末反。

〔三〕儀見皇后紀。

北匈奴遣使稱臣，詣敦煌奉獻。

延平元年春正月辛卯，太尉張禹爲太傅。司徒徐防爲太尉，參錄尚書事，百官總己以聽。封皇兄勝爲平原王。癸卯，光祿勳梁鮪爲司徒。〔一〕

〔一〕漢官儀曰：「鮪字伯元，河東平陽人也。」

三月甲申，葬孝和皇帝于慎陵，〔一〕尊廟曰穆宗。

〔一〕在洛陽東南三十里。俗本作「順」者，誤。

丙戌，清河王慶、濟北王壽、河閒王開、常山王章始就國。

夏四月庚申，詔罷祀官不在祀典者。〔一〕

〔一〕東觀記曰：「鄧太后雅性不好淫祀。」

鮮卑寇漁陽，漁陽太守張顯追擊，戰沒。

丙寅，以虎賁中郎將鄧騭爲車騎將軍。

司空陳寵薨。

五月辛卯，皇太后詔曰：「皇帝幼沖，承統鴻業，朕且權佐助聽政，兢兢寅畏，〔一〕不知所濟。深惟至治之本，道化在前，刑罰在後。將稽中和，廣施慶惠，與吏民更始。其大赦天下。自建武以來諸犯禁錮，詔書雖解，有司持重，多不奉行，其皆復爲平民。」

〔一〕寅，敬也。

壬辰，河東垣山崩。〔一〕

〔一〕垣，縣，今絳州縣也。古今注曰：「山崩長七丈，廣四丈。」

六月丁未，太常尹勤爲司空。

郡國三十七雨水。己未，詔曰：「自夏以來，陰雨過節，煖氣不效，〔一〕將有厥咎。寤寐憂惶，未知所由。昔夏后惡衣服，菲飲食，孔子曰『吾無閒然』。〔二〕今新遭大憂，且歲節未和，徹膳損服，庶有補焉。其減太官、導官、尚方、內署諸服御珍膳靡麗難成之物。」〔三〕

〔一〕效猶驗也。

〔二〕菲，薄也。閒，非也。

〔三〕太官令，周官也，秩千石，典天子廚膳。導官，掌擇御米。導，擇也。尚方，掌作御刀劍諸器物；內署，掌內府衣物。秩皆六百石。並見續漢書。

丁卯，詔司徒、大司農、長樂少府曰：「朕以無德，佐助統政，夙夜經營，懼失厥衷。思惟治道，由近及遠，先內後外。自建武之初以至于今，八十餘年，宮人歲增，房御彌廣。又宗室坐事沒入者，猶託名公族，甚可愍焉。今悉免遣，及掖庭宮人，皆爲庶民，以抒幽隔鬱滯之情。〔一〕諸官府、郡國、王侯家奴婢姓劉及疲癃羸老，皆上其名，務令實悉。」

〔一〕抒，舒也，食汝反。

秋七月庚寅，勑司隸校尉、部刺史〔一〕曰：「夫天降災戾，應政而至。閒者郡國或有水災，妨害秋稼。朝廷惟咎，憂惶悼懼。而郡國欲獲豐穰虛飾之譽，遂覆蔽災害，多張墾田，不揣流亡，〔二〕競增戶口，掩匿盜賊，令姦惡無懲，署用非次，選舉乖宜，貪苛慘毒，延及平民。〔三〕刺史垂頭塞耳，阿私下比，『不畏于天，不愧于人』。〔四〕假貸之恩，不可數恃，自今以後，將糾其罰。二千石長吏其各實覈所傷害，爲除田租、芻藁。」

〔一〕秦有監御史，監諸郡，漢興省之，但遣丞相史分刺諸州，無有常官。孝武帝初置刺史十三人，秩六百石，成帝更爲牧，秩二千石。建武十八年復爲刺史，十二人，各主一州，其一州屬司隸校尉。諸州常以八月巡行所部郡國，錄囚徒，考殿最。初歲盡詣京都奏事，中興但因計吏。見續漢書。

〔二〕揣音初委反。

〔三〕平民謂善人也。書曰：「延〔及〕于平人。」

〔四〕詩小雅也。

八月辛亥，帝崩。癸丑，殯于崇德前殿。年二歲。

贊曰：孝和沈烈，率由前則。王赫自中，賜命彊慝。〔一〕抑沒祥符，登顯時德。〔二〕殤世何早，平原弗克。〔三〕

〔一〕慝，惡也。謂誅竇憲等。

〔二〕謂用鄧彪等委政也。

〔三〕平原王勝以固疾不得立也。左傳曰：「弗克負荷。」

校勘記

一六五頁五行　肈音大可反　按：集解引錢大昕說，謂說文無反切，乃後人所增益。今本說文用孫愐唐韻切音，讀肈爲直小切，與兆音同，疑「大可」即「直小」兩字之譌。

一六七頁六行　界惟人面　按：殿本「界」作「戒」。校補謂案章紀作「訖惟人面」，訖、界、戒皆有止義，猶云窮極也。界戒本又通作，唐書天文志一行以爲天下山河之象存乎兩戒是也。

一六八頁一〇行　小縣（丞尉）三百石　據刊誤刪。

一六八頁一一行　度遼將軍鄧鴻出（梱）〔稒〕陽塞　據前書地理志改。注同。

一六八頁一三行　追至（和）〔私〕渠（北）〔比〕鞮海　按：殿本考證引何焯說，謂竇憲傳及通鑑皆作「私渠比鞮海」。補注謂當從憲傳。今據改。

一六八頁一五行　屬(九)〔五〕原郡　按：前書地理志「五原郡，秦九原郡，武帝元朔二年更名」。今據改。

一六九頁一一行　其徙出塞者　刊誤謂遷徙者不可投之塞外，明此「徙」字是「從」字。按：陳景雲兩漢訂誤謂「徙」當作「從」，出塞謂是夏北征之役。更以三年減從駕弛刑徒證之，此「徙」字之誤益明。

一七二頁六行　阜陵王种薨　按：集解引錢大昕說，謂光武十王傳「种」字作「沖」，說文無种字，种卽沖也。

一七三頁二行　射聲校尉郭璜璜子侍中舉　按：集解引錢大昕說，謂天文志郭舉爲侍中射聲校尉，舉父璜長樂少府，皇后紀、竇憲傳亦同，紀似誤。

一七三頁一四行　東觀記(日)　按：「日」字當衍，今刪。

一七四頁一三行　武陵零陵澧中蠻叛　按：校補謂「零陵」當作「零陽」，卽武陵郡屬縣。後漢武陵郡治當今常德府武陵縣，西與澧州接壤，零陽縣治卽今澧州慈利縣東境，澧中蠻卽澧水之蠻，並屬武陵，故紀並舉之。若零陵郡之蠻，相距甚遠，不當與澧中蠻錯舉。

一七六頁九行　有非其人不習曹事正舉者故不以實法　按：御覽六百二十八引作「有非其人，不習官事，正舉者故舉不實，爲法罪之」。又按：續漢百官志一注引漢官儀，世祖詔云云，與此注所引略同，則光武有此詔，而章帝復申明之也。

一七六頁一行　許〔陽〕侯馬光自殺　校補引洪亮吉說，謂傳作「許陽侯」，此脫「陽」字。今據補。

一七九頁一四行　復〔破〕之　據刊誤補。

一八〇頁一一行　歲盡拜縣令長（史）及都官府丞長史　據刊誤刪。

一八四頁二行　越騎校尉趙世等討破之　按：集解引錢大昕說，謂趙憙傳、西羌傳「趙世」並作「趙代」，蓋章懷避唐諱改之，此作「世」，又唐以後人回改。

一八四頁九行　宛陵人也　按：「宛」原譌「苑」，逕改正。

一八六頁四行　但且申明憲綱　按：「綱」原譌「網」，逕改正。

一八八頁一一行　而多不均浹　按：「而」原譌「二」，逕改正。

一八九頁三行　頸及身膺蹄都似橐駝　按：御覽九二二引，「橐駝」下有「色蒼」二字。

一九一頁一〇行　復置涿郡故安鐵官　按：各本「安」作「鹽」，集解引何焯、錢大昭、惠棟諸家說，並謂「鹽」當作「安」。

一九三頁一三行　高句驪寇郡界　按：校補謂案通鑑作「高句驪王宮入遼東塞，寇略六縣」，此「郡」上應補「遼東」二字。

一九七頁一行　朕且權佐助聽政　按：殿本從監本，「權」下有「禮」字，考證謂「禮」字疑有誤，宋本無

「禮」字，亦不成句。校補引孟子「男女授受不親，禮也，嫂溺援之以手者，權也」，謂此「權禮」二字所本。眹且權禮，卽指佐助聽政爲權禮耳，似非字誤。

一九六頁一四行　延〔及〕于平人　按：書呂刑作「延及于平民」，此作「延于平民」，脫一「及」字，殿本、集解本作「延及平民」，則又脫一「于」字。

後漢書卷五

孝安帝紀第五

恭宗孝安皇帝諱祜，〔一〕肅宗孫也。父清河孝王慶，母左姬。帝自在邸第，〔二〕數有神光照室，又有赤蛇盤於牀第之閒。〔三〕年十歲，好學史書，〔四〕和帝稱之，數見禁中。

〔一〕謚法曰：「寬容和平曰安。」伏侯古今注曰：「祜之字曰福。」

〔二〕倉頡篇曰：「邸，舍也。」說文云：「屬國之舍也。」前書音義曰：「第謂有甲乙之次第。」

〔三〕第，牀簀也。

〔四〕史書者，周宣王太史籀所作之書也。凡五十五篇，可以教童幼。

延平元年，慶始就國，鄧太后特詔留帝清河邸。

八月，殤帝崩，太后與兄車騎將軍鄧騭定策禁中。其夜，使騭持節，以王青蓋車迎帝，齋于殿中。〔一〕皇太后御崇德殿，百官皆吉服，〔二〕羣臣陪位，引拜帝爲長安侯。〔三〕皇太后詔曰：「先帝聖德淑茂，早弃天下。朕奉皇帝，夙夜瞻仰日月，冀望成就。豈意卒然顛沛，天年不遂，悲痛斷心。朕惟平原王素被痼疾，念宗廟之重，思繼嗣之統，唯長安侯祜質性忠孝，小心翼翼，〔四〕能通詩、論，篤學樂古，仁惠愛下。年已十三，有成人之志。親德係後，莫宜於祜。〔五〕禮『昆弟之子猶己子』；〔六〕春秋之義，爲人後者爲之子，不以父命辭王父命。〔七〕其以祜爲孝和皇帝嗣，奉承祖宗，案禮儀奏。」又作策命曰：「惟延平元年秋八月癸丑，皇太后曰：咨長安侯祜：孝和皇帝懿德巍巍，光于四海；大行皇帝不永天年。〔八〕朕惟侯孝章帝世嫡皇孫，謙恭慈順，在孺而勤，〔九〕宜奉郊廟，承統大業。今以侯嗣孝和皇帝後。其審君漢國，允執其中。『一人有慶，萬民賴之。』皇帝其勉之哉！」讀策畢，太尉奉上璽綬，卽皇帝位，年十三。太后猶臨朝。〔一〇〕

〔一〕續漢志曰：「皇太子、皇子皆安車，朱班輪，青蓋金華蚤。皇子爲王，錫以乘之，故曰王青蓋車。皇孫則綠車。」

〔二〕洛陽南宮有崇德殿。不可以凶事臨朝，故吉服也。

〔三〕不卽立爲天子而封侯者，不欲從微卽登皇位。

〔四〕翼翼，敬慎也。詩曰：「惟此文王，小心翼翼。」

〔五〕係卽繼也。

〔六〕禮記檀弓之文。

〔七〕爲人後者謂出繼於人也。王父謂祖也。穀梁傳曰，衞靈公廢太子蒯聵，立孫，輒不受父之命，而受王父命。

〔八〕前書音義曰：「禮有大行人、小行人，主謚號官也。」韋昭云：「大行者，不反之辭也。天子崩，未有謚，故稱大行也。」穀梁傳曰：「大行受大名。」風俗通曰：「天子新崩，未有謚，故且稱大行皇帝。」義兩通。

〔九〕孺，幼也。或作「在孺卒勤」。

〔一〇〕公羊傳曰：「猶者，可止之辭也。」

九月庚子，謁高廟。辛丑，謁光武廟。

六州大水。己未，遣謁者分行虛實，舉災害，賑乏絕。

丙寅，葬孝殤皇帝于康陵。〔一〕

〔一〕陵在慎陵塋中庚地，高五丈五尺，周二百八步。

乙亥，隕石于陳留。

西域諸國叛，攻都護任尚，遣副校尉梁慬救尚，擊破之。〔一〕

〔一〕慬音勤。

冬十月，四州大水，雨雹。詔以宿麥不下，〔一〕賑賜貧人。

〔一〕宿，舊也。麥必經年而孰，故稱宿。

十二月甲子，清河王薨，使司空持節弔祭，車騎將軍鄧騭護喪事。

乙酉，罷魚龍曼延百戲。〔一〕

〔一〕漢官典職曰：「作九賓樂。舍利之獸從西方來，戲于庭，入前殿，激水化成比目魚，嗽水作霧，化成黃龍，長八丈，出水遨戲於庭，炫耀日光。」曼延者，獸名也。張衡西京賦所云「巨獸百尋，是爲曼延」。音以戰反。

永初元年春正月癸酉朔，大赦天下。

蜀郡徼外羌內屬。〔一〕

〔一〕東觀記曰：「徼外羌龍橋等六種慕義降附。」

戊寅，分犍爲南部爲屬國都尉。

稟司隸、兗、豫、徐、冀、并州貧民。〔一〕

〔一〕司隸，領河南、河內、河東、弘農，都於洛陽。魏末因爲司州。

二月丙午，以廣成游獵地〔一〕及被灾郡國公田假與貧民。

〔一〕廣城，苑名，在汝州西。

丁卯，分清河國封帝弟常保爲廣川王。〔一〕

〔一〕廣川，縣，屬信都國，故城在今冀州棗彊縣東北。

庚午，司徒梁鮪薨。

三月癸酉，日有食之。詔公卿內外衆官、郡國守相，舉賢良方正，有道術之士，明政術、達古今、能直言極諫者，各一人。

己卯，永昌徼外僬僥種夷貢獻內屬。

甲申，葬清河孝王，贈龍旗、虎賁。

夏五月甲戌，長樂衞尉魯恭爲司徒。〔一〕

〔一〕前書曰「衞尉，秦官，掌宮門衞屯兵」也。長樂、建章、甘泉宮，皆隨所掌以爲官名，秩中二千石也。

丁丑，詔封北海王睦孫壽光侯普爲北海王。

九眞徼外夜郎蠻夷舉土內屬。〔一〕

〔一〕九眞，郡名，今愛州縣。

六月戊申，爵皇太后母陰氏爲新野君。

丁巳，河東地陷。

壬戌，罷西域都護。

先零種羌叛，斷隴道，大爲寇掠，遣車騎將軍鄧騭、征西校尉任尚討之。丁卯，赦除諸羌相連結謀叛逆者罪。

秋九月庚午，詔三公明申舊令，禁奢侈，無作浮巧之物，殫財厚葬。

是日，太尉徐防免。〔一〕辛未，司空尹勤免。〔二〕

〔一〕以災異屢見也。

〔二〕以水雨漂流也。

癸酉，調揚州五郡租米，〔一〕贍給東郡、濟陰、陳留、梁國、下邳、山陽。

〔一〕五郡謂九江、丹陽、廬江、吳郡、豫章也。揚州領六郡，會稽最遠，蓋不調也。

丁丑，詔曰：「自今長吏被考竟未報，〔一〕自非父母喪無故輒去職者，劇縣十歲、平縣五歲以上，乃得次用。」

〔一〕考謂考問其狀也。報謂斷決也。

壬午，詔太僕、少府減黃門鼓吹，以補羽林士；〔一〕廄馬非乘輿常所御者，皆減半食；〔二〕諸所造作，非供宗廟園陵之用，皆且止。

〔一〕漢官儀曰：「黃門鼓吹百四十五人。羽林左監主羽林八百人，右監主九百人。」

〔二〕乘輿，天子所乘車輿也。不敢斥言尊者，故稱乘輿。見蔡邕獨斷。

丙戌，詔死罪以下及亡命贖，各有差。

庚寅，太傅張禹爲太尉，太常周章爲司空。〔一〕

〔一〕漢官儀曰：「章字次叔，荊州隨縣人也。」

冬十月，倭國遣使奉獻。〔一〕

〔一〕倭國去樂浪萬二千里，男子黥面文身，以其文左右大小別尊卑之差。見本傳。

辛酉，新城山泉水大出。〔一〕

〔一〕東觀記曰：「突壞人田，水深三丈。」

十一月丁亥，司空周章密謀廢立，策免，自殺。

戊子，勅司隸校尉、冀并二州刺史：「民訛言相驚，弃捐舊居，老弱相攜，窮困道路。其各勑所部長吏，躬親曉喻。若欲歸本郡，在所爲封長檄；不欲，勿強。」〔一〕

〔一〕封謂印封之也。長檄猶今長牒也。欲歸者，皆給以長牒爲驗。強音其兩反。

十二月乙卯，潁川太守張敏爲司空。

是歲，郡國十八地震；四十一雨水，或山水暴至；二十八大風，雨雹。

二年春正月，稟河南、下邳、東萊、河內貧民。〔一〕

〔一〕古今注曰：「時州郡大飢，米石二千，人相食，老弱相弃道路。」

車騎（大）將軍鄧騭爲種羌所敗於冀西。〔一〕

〔一〕續漢書曰：「種羌九千餘戶，在隴西臨洮谷。」冀，縣，屬天水郡也。

二月乙丑，遣光祿大夫樊準、呂倉分行冀兗二州，稟貸流民。

夏四月甲寅，漢陽城中火，燒殺三千五百七十人。

五月，旱。丙寅，皇太后幸洛陽寺及若盧獄，錄囚徒，賜河南尹、廷尉、卿及官屬以下各有差，卽日降雨。

六月，京師及郡國四十大水，大風，雨雹。〔一〕

〔一〕東觀記曰：「雹大如芋魁、雞子，風拔樹發屋。」

秋七月戊辰，詔曰：「昔在帝王，承天理民，莫不據琁機玉衡，以齊七政。〔一〕朕以不德，遵奉大業，而陰陽差越，變異並見，萬民飢流，羌貊叛戾。夙夜克己，憂心京京。〔二〕閒令公卿郡國舉賢良方正，遠求博選，開不諱之路，冀得至謀，以鑒不逮，而所對皆循尙浮言，無卓爾異聞。〔三〕其百僚及郡國吏人，有道術明習災異陰陽之度琁機之數者，各使指變以聞。二千石長吏明以詔書，博衍幽隱，〔四〕朕將親覽，待以不次，冀獲嘉謀，以承天誡。」

〔一〕孔安國尚書注曰，琁，美玉也。以琁爲機，以玉爲衡，〔玉〕〔王〕者正天文之器也。七政，日月五星，各異其政制。卽今之渾儀。

〔二〕詩小雅曰：「憂心京京。」爾雅曰：「京京，憂也。」

〔三〕卓爾，高遠之皃也。論語曰：「如有所立卓爾。」

〔四〕衍猶引也。

閏月辛丑，廣川王常保薨，無子，國除。

癸未，蜀郡徼外羌舉土內屬。〔一〕

〔一〕東觀記曰：「徼外羌薄申等八種舉衆降。」

九月庚子，詔王(主)〔國〕官屬墨綬下至郎、謁者，〔一〕其經明任博士，居鄉里有廉清孝順之稱，才任理人者，國相歲移名，與計偕上尚書，公府通調，令得外補。〔二〕

〔一〕續漢書曰：「王國有中大夫，秩比六百石。謁者，比四百石。郎中，二百石。」

〔二〕移，書也。調，選也。

冬十月庚寅，稟濟陰、山陽、玄菟貧民。

征西校尉任尚與先零羌戰于平襄，尚軍敗績。〔一〕

〔一〕平襄，縣，屬天水郡，故襄戎邑也。

十一月辛酉，拜鄧騭爲大將軍，徵還京師，留任尚屯隴右。先零羌滇零稱天子於北地，〔一〕遂寇三輔，東犯趙、魏，南入益州，殺漢中太守董炳。

〔一〕滇零，羌名，音丁田反。

十二月辛卯，稟東郡、鉅鹿、廣陽、安定、定襄、沛國貧民。廣漢塞外參狼羌降，分廣漢北部爲屬國都尉。

是歲，郡國十二地震。

三年春正月庚子，皇帝加元服。〔一〕大赦天下。賜王、主、貴人、公、卿以下金帛各有差；男子爲父後，及三老、孝悌、力田爵，人二級，流民欲占者人一級。

〔一〕元服謂加冠也。士冠禮曰：「令月吉辰，加爾元服。」鄭玄云：「元，首也。」

遣騎都尉任仁討先零羌，不利，羌遂破沒臨洮。〔一〕

〔一〕縣名，屬隴西郡。

高句驪遣使貢獻。

三月，京師大飢，民相食。壬辰，公卿詣闕謝。詔曰：「朕以幼沖，奉承鴻業，不能宣流風化，而感逆陰陽，至令百姓飢荒，更相噉食。永懷悼歎，若墜淵水。咎在朕躬，非羣司之責，而過自貶引，重朝廷之不德。〔一〕其務思變復，以助不逮。」癸巳，詔以鴻池假與貧民。〔二〕

〔一〕貶引謂貶損引過也。重音直用反。

〔二〕續漢書曰：「鴻池在洛陽東二十里。」假，借也。令得漁采其中。

壬寅，司徒魯恭免。夏四月丙寅，大鴻臚九江夏勤爲司徒。〔一〕

〔一〕勤字伯宗，壽春人也。

三公以國用不足，奏令吏人入錢穀，得爲關內侯、虎賁羽林郎、五大夫、官府吏、緹騎、營士各有差。〔一〕

〔一〕續漢志曰：「執金吾，緹騎二百人。」緹，赤黃色。營士謂五校營士也。漢官儀曰「屯騎、越騎、步兵、射聲各領士七百人。長水領士千三百六十七人」也。

己巳，詔上林、廣成苑可墾闢者，賦與貧民。

甲申，清河王虎威薨。五月丙申，封樂安王寵子延平爲清河王。

丁酉，沛王正薨。

癸丑，京師大風。

六月，烏桓寇代郡、上谷、涿郡。

秋七月，海賊張伯路等寇略緣海九郡，遣侍御史龐雄督州郡兵討破之。

庚子，詔長吏案行在所，皆令種宿麥蔬食，務盡地力，其貧者給種餉。

九月，鴈門烏桓及鮮卑叛，敗五原郡兵於高渠谷。〔一〕

〔一〕東觀記曰：「戰九原高梁谷。」渠梁相類，必有誤也。

冬十月，南單于叛，圍中郎將耿种於美稷。十一月，遣行車騎將軍何熙討之。

十二月辛酉，郡國九地震。乙亥，有星孛于天苑。〔一〕

〔一〕天苑，星名。

是歲，京師及郡國四十一雨水雹。〔一〕并涼二州大飢，人相食。

〔一〕續漢書曰「雹大如鴈子」也。

四年春正月元日，會，徹樂，不陳充庭車。〔一〕

〔一〕每大朝會，必陳乘輿法物車輦於庭，故曰充庭車也。以年飢，故不陳。

辛卯，詔以三輔比遭寇亂，人庶流宂，除三年逋租、過更、口筭、芻稾；〔一〕稟上郡貧民各有差。

〔一〕前書音義曰：「天下人皆戍邊三日。不可人人自行，行者自戍三日，不可往便還，因便住一歲。諸不行者，出錢三百入官，官以給戍者。言過其本更之日，故曰過更。」又曰：「人年十五至五十六，出賦錢，人百二十爲一筭。」

海賊張伯路復與勃海、平原劇賊劉文河、周文光等攻厭次，殺縣令，遣御史中丞王宗督青州刺史法雄討破之。

度遼將軍梁慬、遼東太守耿夔討破南單于於屬國故城。

丙午，詔減百官及州郡縣奉各有差。

二月丁巳，稟九江貧民。

南匈奴寇常山。

乙丑，初置長安、雍二營都尉官。〔一〕

〔一〕漢官儀曰：「京兆虎牙、扶風都尉以涼州近羌，數犯三輔，將兵衞護園陵。扶風都尉居雍縣，故俗人稱雍營焉。」西羌傳云：「虎牙都尉居長安。」

乙亥，詔自建初以來，諸祅言它過坐徙邊者，各歸本郡；其沒入官爲奴婢者，免爲庶人。

詔謁者劉珍及五經博士，校定東觀五經、諸子、傳記、百家蓺術，整齊脫誤，是正文字。〔一〕

〔一〕洛陽宮殿名曰：「南宮有東觀。」前書曰「凡諸子百八十九家」，言百家，舉全數也。

三月，南單于降。

先零羌寇褒中，〔一〕漢中太守鄭勤戰歿。徙金城郡都襄武。〔二〕

〔一〕縣名，屬漢中郡，今梁州褒城縣。

〔二〕襄武，縣名，屬隴西郡，今渭州縣。

戊子，杜陵園火。癸巳，郡國九地震。夏四月，六州蝗。〔一〕丁丑，大赦天下。秋七月乙酉，三郡大水。

〔一〕東觀記曰：「司隸、豫、兗、徐、青、冀六州。」

己卯，騎都尉任仁下獄死。
九月甲申，益州郡地震。
冬十月甲戌，新野君陰氏薨，〔一〕使司空持節護喪事。
〔一〕東觀記曰：「新野君薨，贈以玄玉赤紱，賻錢三千萬，布三萬匹。」
大將軍鄧騭罷。

五年春正月庚辰朔，日有食之。丙戌，郡國十地震。
己丑，太尉張禹免。甲申，光祿勳李脩爲太尉。〔一〕
〔一〕漢官儀曰：「脩字伯游，豫州襄城人也。」
二月丁卯，詔省減郡國貢獻太官口食。
先零羌寇河東，遂至河內。
三月，詔隴西徙襄武，安定徙美陽，〔一〕北地徙池陽，〔二〕上郡徙衙。〔三〕
〔一〕安定，郡，今涇州也。美陽，縣，故城在今武功縣北。
〔二〕北地，郡，今寧州也。池陽，縣，故城在今涇陽縣北也。
〔三〕上郡，今綏州也。衙，縣，故城在同州白水縣東北。左傳曰「秦晉戰于彭衙」，即此也。

夫餘夷犯塞，殺傷吏人。

閏月丁酉，赦涼州河西四郡。

戊戌，詔曰：「朕以不德，奉郊廟，承大業，不能興和降善，爲人祈福。災異蜂起，寇賊縱横，夷狄猾夏，〔一〕戎事不息，百姓匱乏，疲於徵發。重以蝗蟲滋生，害及成麥，秋稼方收，甚可悼也。朕以不明，統理失中，亦未獲忠良以毗闕政。傳曰：『顛而不扶，危而不持，則將焉用彼相矣。』公卿大夫將何以匡救，濟斯艱戹，承天誡哉？蓋爲政之本，莫若得人，褒賢顯善，聖制所先。『濟濟多士，文王以寧。』〔二〕思得忠良正直之臣，以輔不逮。其令三公、特進、侯、中二千石、二千石、郡守、諸侯相舉賢良方正，有道術、達於政化、能直言極諫之士，各一人，及至孝與衆卓異者，并遣詣公車，朕將親覽焉。」

〔一〕猾，亂也。夏，華夏也。

〔二〕詩大雅之詞也。

六月甲辰，樂成王巡薨。

秋七月己巳，詔三公、特進、九卿、校尉，〔一〕舉列將子孫明曉戰陳任將帥者。

〔一〕九卿，奉常、光禄、衞尉、太僕、鴻臚、廷尉、少府、宗正、司農。校尉謂城門、屯騎、越騎、步兵、長水、（胡騎）〔射聲〕等。

九月，漢陽人杜琦、王信叛，〔一〕與先零諸種羌攻陷上邽城。十二月，漢陽太守趙博遣客刺殺杜琦。〔二〕

〔一〕東觀記曰：「琦自稱安漢將軍。」

〔二〕東觀記曰：「漢陽故吏杜習手刺殺之。」

是歲，九州蝗，郡國八雨水。

六年春正月庚申，詔越巂置長利、高望、始昌三苑，又令益州郡置萬歲苑，犍爲置漢平苑。〔一〕

〔一〕犍爲，郡名。前書音義曰：「故夜郎國也。」故城在今眉州隆山縣西北也。

三月，十州蝗。

夏四月乙丑，司空張敏罷。

己卯，太常劉（凱）〔愷〕爲司空。

五月，旱。

丙寅，詔令中二千石下至黄綬，一切復秩還贖，賜爵各有差。

戊辰，皇太后幸雒陽寺，録囚徒，理寃獄。

六月壬辰，豫章、員谿、原山崩。〔一〕

〔一〕員谿闕。

辛巳，大赦天下。

遣侍御史唐喜討漢陽賊王信，破斬之。〔一〕

〔一〕續漢志曰：「傳信首詣洛陽，梟穀城門外。」

冬十一月辛丑，護烏桓校尉吳祉下獄死。

是歲，先零羌滇零死，子零昌復襲僞號。

七年春正月庚戌，皇太后率大臣命婦謁宗廟。〔一〕

〔一〕喪服傳曰：「命夫者，其男子之爲大夫也。命婦者，其大夫之妻也。」臣賢案：東觀、續漢、袁山松、謝沈書、古今注皆云「六年正月甲寅，謁宗廟」，此云「七年庚戌」，疑紀誤也。

二月丙午，郡國十八地震。

夏四月乙未，平原王勝薨。

丙申晦，日有食之。五月庚子，京師大雩。〔一〕

〔一〕左傳曰：「龍見而雩。」杜預注云：「謂建巳之月，龍星角、亢見東方。雩，遠也，遠爲百穀求膏雨。」周禮司巫職曰：

「若國大旱，則帥巫而舞雩。」鄭玄注云：「雩，吁也，嗟而求雨。」

秋，護羌校尉侯霸、騎都尉馬賢破先零羌。

八月丙寅，京師大風，蝗蟲飛過洛陽。詔賜民爵。郡國被蝗傷稼十五以上，勿收今年田租；不滿者，以實除之。

九月，調零陵、桂陽、丹陽、豫章、會稽租米，〔一〕賑給南陽、廣陵、下邳、彭城、山陽、廬江、九江飢民；又調濱水縣穀輸敖倉。〔二〕

〔一〕零陵，郡名，今永州縣也。丹陽，郡名，今潤州江寧縣也。餘並見上。

〔二〕詩曰「薄狩於敖」，卽此地。秦於此築太倉，亦曰敖庾，在今鄭州滎陽縣西北。東觀記曰：「濱水縣彭城、廣陽、廬江、九江穀九十萬斛，送敖倉。」

元初元年春正月甲子，改元元初。賜民爵，人二級，孝悌、力田人三級，爵過公乘，得移與子若同產、同產子，民脫無名數及流民欲占者人一級；鰥、寡、孤、獨、篤癃、〔貧〕不能自存者穀，人三斛，貞婦帛，人一匹。

二月己卯，日南地坼。〔一〕三月癸酉，日有食之。

〔一〕東觀記曰：「坼長百八十二里，廣五十六里。」

夏四月丁酉，大赦天下。

京師及郡國五旱、蝗。

詔三公、特進、列侯、中二千石、二千石、郡守舉敦厚質直者，各一人。

五月，先零羌寇雍城。

六月丁巳，河東地陷。

秋七月，蜀郡夷寇蠶陵，殺縣令。〔一〕

〔一〕蠶陵，縣，屬蜀郡，故城在今翼州翼水縣西。有蠶陵山，因以爲名焉。

九月乙丑，太尉李脩罷。

先零羌寇武都、漢中，絕隴道。

辛未，大司農山陽司馬苞爲太尉。〔一〕

〔一〕謝承書曰：「苞字仲成，東緡人也。」

冬十月戊子朔，日有食之。

先零羌敗涼州刺史皮陽於狄道。

乙卯，詔除三輔三歲田租、更賦、口筭。〔一〕

〔一〕解見光武紀也。

十一月。是歲，郡國十五地震。

二年春正月，詔稟三輔及并、涼六郡流宂貧人。

蜀郡青衣道夷奉獻內屬。〔一〕

〔一〕青衣道，縣名，在大江、青衣二水之會，今嘉州龍遊縣也。東觀記曰：「青衣蠻夷堂律等歸義。」

修理西門豹所分漳水爲支渠，以溉民田。〔一〕

〔一〕史記曰：「西門豹爲鄴令，發人鑿十二渠，引水灌田。」所鑿之渠，在今相州鄴縣西也。

二月戊戌，遣中謁者收葬京師客死無家屬及棺椁朽敗者，皆爲設祭；其有家屬，尤貧無以葬者，賜錢人五千。

辛酉，詔三輔、河內、河東、上黨、趙國、太原各修理舊渠，通利水道，以溉公私田疇。〔一〕

〔一〕前書音義曰：「美田曰疇。」

三月癸亥，京師大風。

先零羌寇益州，遣中郎將尹就討之。

夏四月丙午，立貴人閻氏爲皇后。

五月，京師旱，河南及郡國十九蝗。甲戌，詔曰：「朝廷不明，庶事失中，災異不息，憂心悼懼。被蝗以來，七年于茲，而州郡隱匿，裁言頃畝。〔一〕今羣飛蔽天，爲害廣遠，所言所見，寧相副邪？三司之職，內外是監，既不奏聞，又無舉正。天災至重，欺罔皐大。今方盛夏，且復假貸，以觀厥後。〔二〕其務消救災眚，安輯黎元。」

〔一〕「裁」與「纔」同，古字通。

〔二〕假貸猶寬容也。盛夏不可即加刑罰，故且寬容。

六月丙戌，太尉司馬苞薨。〔一〕

〔一〕謝承書曰：「苞爲太尉，常食麤飯，著布衣，妻子不歷官舍。會司徒楊震爲樊豐等所譖，連及苞，苞乞骸骨，未見聽，以疾薨也。」

洛陽新城地裂。

秋七月辛巳，太僕太山馬英爲太尉。〔一〕

〔一〕英字文思，兗州蓋縣人也。

八月，遼東鮮卑圍無慮縣。〔一〕九月，又攻夫犂營，殺縣令。〔二〕

〔一〕屬遼東郡。慮音閭。有醫無閭山，因以爲名焉。

〔二〕夫犂，縣名，屬遼東屬國。

壬午晦，日有食之。

冬十月，遣中郎將任尚屯三輔。

詔郡國中都官繫囚減死一等，勿笞，詣馮翊、扶風屯，妻子自隨，占著所在；女子勿輸。〔一〕亡命死辠以下贖，各有差。其吏人聚爲盜賊，有悔過者，除其罪。

〔一〕不輸作也。

乙未，右扶風仲光、安定太守杜恢、京兆虎牙都尉耿溥與先零羌戰於丁奚城，〔一〕光等大敗，並沒。左馮翊司馬鈞下獄，自殺。〔二〕

〔一〕東觀記曰「至北地靈州丁奚城」也。

〔二〕東觀記曰「安定太守杜恢與鈞等并威擊羌，恢乘勝深入，爲虜所害，鈞擁兵不救，收鈞下獄」也。

十一月庚申，郡國十地震。

十二月，武陵澧中蠻叛，州郡擊破之。〔一〕

〔一〕東觀記曰：「蠻田山、高少等攻城，殺長吏。州郡募五里蠻夷、六亭兵追擊，山等皆降。賜五里、六亭渠率金帛各有差。」

己酉，司徒夏勤罷。庚戌，司空劉愷爲司徒，光祿勳袁敞爲司空。

三年春正月甲戌，修理太原舊溝渠，溉灌官私田。〔一〕

〔一〕酈元水經注曰：「昔智伯遏晉水以灌晉陽，後人踵其遺跡，蓄以爲沼，分爲二派，北瀆即智氏故渠也。其瀆乘高，東北注入晉陽城，以溉灌，東南出城注於汾水。」今所修溝渠即謂此。

東平陸上言木連理。〔一〕

〔一〕東平陸，縣名，古厥國也，屬東平國，今兗州平陸縣也。序例曰：「凡瑞應，自和帝以上，政事多美，近於有實，故書見於某處。自安帝以下，王道衰缺，容或虛飾，故書某處上言也。」

蒼梧、鬱林、合浦蠻夷反叛，〔一〕二月，遣侍御史任逴督州郡兵討之。〔二〕

〔一〕蒼梧，郡，今梧州縣也。合浦，郡，今廉州縣也。

〔二〕逴音丁角反。

郡國十地震。三月辛亥，日有食之。

丙辰，赦蒼梧、鬱林、合浦、南海吏人爲賊所迫者。

夏四月，京師旱。

五月，武陵蠻復叛，州郡討破之。

癸酉，度遼將軍鄧遵率南匈奴擊先零羌於靈州，破之。〔一〕

〔一〕靈州，縣名，屬北地郡，故城在今慶州馬領縣西北。

越巂徼外夷舉種內屬。

六月，中郎將任尚遣兵擊破先零羌於丁奚城。

秋七月，武陵蠻復叛，州郡討平之。

緱氏地坼。

九月辛巳，趙王宏薨。

冬十一月，蒼梧、鬱林、合浦蠻夷降。

丙戌，初聽大臣、二千石、刺史行三年喪。〔一〕

〔一〕文帝遺詔以日易月，於後大臣遂以爲常，至此復遵古制也。

癸卯，郡國九地震。

十二月丁巳，任尚遣兵擊破先零羌於北地。

四年春二月乙巳朔，日有食之。乙卯，大赦天下。壬戌，武庫災。

夏四月戊申，司空袁敞薨。

己巳，鮮卑寇遼西，遼西郡兵與烏桓擊破之。〔一〕

〔一〕遼西，郡，故城在今平州東陽樂城是。

五月丁丑，太常李郃爲司空。

六月戊辰，三郡雨雹。

秋七月辛丑，陳王鈞薨。

京師及郡國十雨水。詔曰：「今年秋稼茂好，垂可收穫，而連雨未霽，〔一〕懼必淹傷。夕惕惟憂，思念厥咎。夫霖雨者，人怨之所致。〔二〕其武吏以威暴下，文吏妄行苛刻，鄉吏因公生姦，爲百姓所患苦者，有司顯明其罰。又月令『仲秋養衰老，授几杖，行糜粥』。〔三〕方今案比之時，〔四〕郡縣多不奉行。雖有糜粥，糠秕相半，長吏怠事，莫有躬親，甚違詔書養老之意。其務崇仁恕，賑護寡獨，稱朕意焉。」

〔一〕霽，雨止也。

〔二〕左傳曰：「凡雨三日以上爲霖。」京房別對災異曰：「人勞怨苦，雨水絕道。」

〔三〕鄭玄注云：「助老氣也。行猶賜也。」

〔四〕東觀記曰：「方今八月案比之時。」謂案驗戶口，次比之也。

九月，護羌校尉任尚使客刺殺叛羌零昌。

冬十一月己卯，彭城王恭薨。

十二月，越巂夷寇遂久，殺縣令。〔一〕

〔一〕遂久，縣，屬越巂郡。

甲子，任尚及騎都尉馬賢與先零羌戰于富平上河，大破之。〔一〕虔人羌率衆降，〔二〕隴右平。

〔一〕富平，縣，屬北地郡，故城在今靈州回樂縣西南。酈元水經注曰：「河水於此有上河之名也。」

〔二〕虔人，羌號也。東觀記曰：「虔人種羌大豪恬狼等詣度遼將軍降。」

是歲，郡國十三地震。

五年春正月，越巂夷叛。

二月壬戌，中山王憲薨。

三月，京師及郡國五旱，詔稟遭旱貧人。

夏六月，高句驪與穢貊寇玄菟。〔一〕

〔一〕郡名，在遼東〔東〕。

秋七月，越巂蠻夷及旄牛豪叛，殺長吏。〔一〕

〔一〕旄牛，縣，屬蜀郡。華陽國志曰在邛崍山表也。

丙子，詔曰：「舊令制度，各有科品，〔一〕欲令百姓務崇節約。遭永初之際，人離荒戹，朝廷躬自菲薄，去絕奢飾，食不兼味，衣無二綵。比年雖獲豐穰，尚乏儲積，而小人無慮，不圖久長，嫁娶送終，紛華靡麗，至有走卒奴婢被綺縠，著珠璣。〔二〕京師尚若斯，何以示四遠？設張法禁，懇惻分明，而有司惰任，訖不奉行。秋節既立，鷙鳥將用，〔三〕且復重申，以觀後效。」

〔一〕漢令今亡。

〔二〕綺，文繒；縠，紗也。璣，珠不圓者也。

〔三〕鷙鳥謂鷹鸇之類也。廣雅曰：「鷙，執也。以其能服執衆鳥。」月令：「孟秋，鷹乃祭鳥，始用行戮。」言有司怠惰，不遵法令，將欲糾其罪，順秋行誅，同鷹鸇之鷙擊也。

八月丙申朔，日有食之。

鮮卑寇代郡，殺長吏。冬十月，鮮卑寇上谷。

十二月丁巳，中郎將任尙有辠，弃市。

是歲，郡國十四地震。

六年春二月乙巳，京師及郡國四十二地震，或坼裂，水泉涌出。

壬子，詔三府選掾屬高第，能惠利牧養者各五人，光祿勳與中郎將選孝廉郎寬博有謀，淸白行高者五十人，出補令、長、丞、尉。

乙卯，詔曰：「夫政，先京師，後諸夏。月令仲春『養幼小，存諸孤』，季春『賜貧窮，賑乏絕，省婦使，表貞女』，所以順陽氣，崇生長也。〔一〕其賜人尤貧困、孤弱、單獨穀，人三斛；貞

婦有節義十斛，甄表門閭，旌顯厥行。」〔三〕

〔一〕鄭玄云：「婦使謂組紃之事。」

〔三〕節謂志操。義謂推讓。甄，明也。旌，章也。里門謂之閭。旌表者，若今樹闕而顯之。

三月庚辰，始立六宗，祀於洛城西北。〔一〕

〔一〕續漢志曰：「元初六年，以尚書歐陽家說，謂六宗者，在天地四方之中，爲上下四方之宗。以元始中故事，謂六宗易六子之氣，日、月、雷公、風伯、山、澤者，非也，乃更六宗，祠於戌亥之地，禮比大社也。」

夏四月，會稽大疫，遣光祿大夫將太醫循行疾病，賜棺木，〔一〕除田租、口賦。

〔一〕漢官儀：「太醫令一人，秩六百石。」

沛國、勃海大風，雨雹。五月，京師旱。

六月丁丑，樂成王賓薨。丙戌，平原王得薨。

秋七月，鮮卑寇馬城，〔一〕度遼將軍鄧遵率南單于擊破之。

〔一〕搜神記曰：「昔秦人築城於武周塞以備胡，將成而崩者數矣。有馬馳走，周旋反覆，父老異之，因依以築城，城乃不崩，遂以名焉。」其故城，今朔州也。

九月癸巳，陳王竦薨。

十二月戊午朔，日有食之，既。郡國八地震。

是歲，永昌、益州蜀郡夷叛，與越巂夷殺長吏，燔城邑，益州刺史張喬討破降之。

永寧元年春正月甲辰，任城王安薨。三月丁酉，濟北王壽薨。

車師後王叛，殺部司馬。

沈氐羌寇張掖。〔一〕

〔一〕沈氐，羌號也。續漢志曰「羌在上郡西河者，號沈氐」也。

夏四月丙寅，立皇子保爲皇太子，改元永寧，大赦天下。賜王、主、三公、列侯下至郎吏、從官金帛；又賜民爵及布粟各有差。

己巳，紹封陳王羨子崇爲陳王，濟北王子萇爲樂成王，河閒王子翼爲平原王。

壬午，琅邪王壽薨。

六月，沈氐種羌叛，寇張掖，護羌校尉馬賢討沈氐羌，破之。

秋七月乙酉朔，日有食之。

冬十月己巳，司空李郃免。癸酉，衞尉廬江陳褒爲司空。〔一〕

〔一〕褒字伯仁，舒縣人也。

自三月至是月，京師及郡國三十三大風，雨水。

十二月，永昌徼外撣國遣使貢獻。〔一〕

〔一〕擢音擢。

戊辰，司徒劉愷罷。

遼西鮮卑降。

癸酉，太常楊震爲司徒。

是歲，郡國二十三地震。夫餘王遣子詣闕貢獻。燒當羌叛。

建光元年春正月，幽州刺史馮焕率二郡太守討高句驪、穢貊，不克。

二月癸亥，大赦天下。賜諸園貴人、〔一〕王、主、公、卿以下錢布各有差。以公、卿、校尉、尚書子弟一人爲郎、舍人。

〔一〕謂宮人無子守園陵者也。

三月癸巳，皇太后鄧氏崩。丙午，葬和熹皇后。

丁未，樂安王寵薨。

戊申，追尊皇考清河孝王曰孝德皇，皇妣左氏曰孝德皇后，祖妣宋貴人曰敬隱皇后。

夏四月，穢貊復與鮮卑寇遼東，遼東太守蔡諷追擊，戰殁。

丙辰，以廣川并清河國。

丁巳，尊孝德皇元妃耿氏爲甘陵大貴人。〔一〕

〔一〕甘陵，孝德皇后之陵也，因以爲縣，今貝州清河縣東也。

甲子，樂成王萇有罪，廢爲臨湖侯。〔一〕

〔一〕續漢書曰「坐輕慢不孝」，故貶。臨湖，縣名，屬廬江郡也。

己巳，令公、卿、特進、侯、中二千石、二千石、郡國守相，舉有道之士各一人。賜鰥、寡、孤、獨、貧不能自存者穀，人三斛。

甲戌，遼東屬國都尉龐奮，承僞璽書殺玄菟太守姚光。

五月庚辰，特進鄧騭及度遼將軍鄧遵，並以譖自殺。〔一〕

〔一〕乳母王聖與中黃門李閏等譖告尚書鄧訪等謀廢立，宗族皆免官，騭與遵皆自殺。

丙申，貶平原王翼爲都鄉侯。

秋七月己卯，改元建光，大赦天下。

壬寅，太尉馬英薨。

八月，護羌校尉馬賢討燒當羌於金城，不利。

甲子，前司徒劉愷爲太尉。

鮮卑寇居庸關，九月，雲中太守成嚴擊之，戰歿。鮮卑圍烏桓校尉於馬城，度遼將軍耿貊救之。

戊子，幸衞尉馮石府。〔一〕

〔一〕續漢書曰：「賜賞寶劍、玉玦、雜繒布等。」

是秋，京師及郡國二十九雨水。

冬十一月己丑，郡國三十五地震，或坼裂。詔三公以下，各上封事陳得失。遣光祿大夫案行，賜死者錢，人二千。除今年田租。其被災甚者，勿收口賦。

鮮卑寇玄菟。

庚子，復斷大臣二千石以上服三年喪。

癸卯，詔三公、特進、侯、卿、校尉，舉武猛堪將帥者各五人。

丙午，詔京師及郡國被水雨傷稼者，隨頃畝減田租。

甲子，初置漁陽營兵。〔一〕

〔一〕伏侯古今注曰「置營兵千人」也。

冬十二月，高句驪、馬韓、穢貊圍玄菟城，夫餘王遣子與州郡幷力討破之。

延光元年春二月，夫餘王遣子將兵救玄菟，〔一〕擊高句驪、馬韓、穢貊，破之，遂遣使貢獻。

〔一〕夫餘王子，尉仇台也。

三月丙午，改元延光。大赦天下。還徙者，復戶邑屬籍。賜民爵及三老、孝悌、力田，人二級；加賜鰥、寡、孤、獨、篤㾊、貧不能自存者粟，人三斛；貞婦帛，人一匹。

夏四月癸未，京師郡國二十一雨雹。

癸巳，司空陳襃免。

五月庚戌，宗正彭城劉授爲司空。〔一〕

〔一〕漢官儀曰：「宗正卿，秩中二千石。」授字孟春，徐州武原人也。

己巳，改樂成國爲安平，封河閒王開子得爲安平王。

六月，郡國蝗。秋七月癸卯，京師及郡國十三地震。

高句驪降。

虔人羌叛，攻穀羅城，〔一〕度遼將軍耿夔討破之。

〔一〕穀羅屬西河郡。

八月戊子，陽陵園寢火。〔一〕辛卯，九眞言黃龍見無功。〔二〕

〔一〕景帝陵也。

〔三〕無功，縣，屬九眞郡。

己亥，詔三公、中二千石，舉刺史、二千石、令、長、相，視事一歲以上至十歲，淸白愛利，能敕身率下，防姦理煩，有益於人者，無拘官簿。〔一〕刺史舉所部，郡國太守相舉墨綬，隱親悉心，勿取浮華。〔二〕

〔一〕淸白謂貞正也。愛利謂愛人而利之也。無拘官簿謂受超遷之，不拘常牒也。

〔二〕墨綬謂令、長之屬也。隱親猶親自隱也。悉，盡也。言令三公以下各舉所知，皆隱審盡心，勿取浮華不實者。

九月甲戌，郡國二十七地震。

冬十月，鮮卑寇鴈門、定襄。十一月，鮮卑寇太原。

燒當羌豪降。

十二月，九眞徼外蠻夷貢獻內屬。

是歲，京師及郡國二十七雨水，大風，殺人。詔賜壓溺死者年七歲以上錢，人二千；其壞敗廬舍、失亡穀食，粟，人三斛；又田被淹傷者，一切勿收田租；若一家皆被災害而弱小存者，郡縣爲收斂之。虔人羌（反）攻穀羅城，度遼將軍耿夔討破之。

二年春正月，旄牛夷叛，寇靈關，殺縣令。〔一〕益州刺史蜀郡西部都尉討之。

〔一〕靈關，道，屬越巂郡。

詔選三署郎〔二〕及吏人能通古文尚書、毛詩、穀梁春秋各一人。

〔二〕三署，解見和帝紀。

丙辰，河東、潁川大風。　夏六月壬午，郡國十一大風。　九眞言嘉禾生。〔一〕

〔一〕東觀記曰：「禾百五十六本，七百六十八穗。」

丙申，北海王普薨。

秋七月，丹陽山崩。

八月庚午，初令三署郎通達經術任牧民者，視事三歲以上，皆得察舉。

九月，郡國五雨水。

冬十月辛未，太尉劉愷罷。　甲戌，司徒楊震爲太尉，光祿勳東萊劉熹爲司徒。〔一〕

〔一〕熹字季明，青州長廣人也。

十一月甲辰，校獵上林苑。

鮮卑敗南匈奴於曼柏。

是歲，分蜀郡西部爲屬國都尉。　京師及郡國三地震。

三年春二月丙子，東巡狩。丁丑，告陳留太守，祠南頓君、光武皇帝于濟陽，復濟陽今年田租、芻稾。庚寅，遣使者祠唐堯於成陽。〔一〕

〔一〕古成伯國也，故城在今濮州雷澤縣北。述征記云：「成陽東南有堯冢。」

戊子，濟南上言，鳳皇集臺縣丞霍收舍樹上。〔一〕賜臺長帛五十匹，丞二十匹，尉半之，吏卒人三匹。鳳皇所過亭部，無出今年田租。賜男子爵，人二級。辛卯，幸太山，柴告岱宗。〔二〕齊王無忌、北海王（普）〔翼〕、樂安王延來朝。壬辰，宗祀五帝于汶上明堂。癸巳，告祀二祖、六宗，〔三〕勞賜郡縣，作樂。

〔一〕臺縣屬濟南郡，故城在今齊州平陵縣北。

〔二〕太山，王者告代之處，爲五岳之宗，故曰岱宗。燔柴以告天。

〔三〕二祖，高祖、光武也。六宗謂孝文曰太宗，孝武曰代宗，孝宣曰中宗，孝元曰高宗，孝明曰顯宗，孝章曰肅宗。

三月甲午，陳王崇薨。戊戌，祀孔子及七十二弟子於闕里，自魯相、令、丞、尉及孔氏親屬、婦女、諸生悉會，賜褒成侯以下帛各有差。還，幸東平，至東郡，歷魏郡、河內。壬戌，車駕還京師，幸太學。是日，太尉楊震免。

夏四月乙丑，車駕入宮，假于祖禰。〔一〕壬戌，沛國言甘露降豐縣。戊辰，光祿勳馮石爲太尉。

〔一〕假音格。格，至也。

五月，南匈奴左日逐王叛，使匈奴中郎將馬翼討破之。

日南徼外蠻夷內屬。

六月，鮮卑寇玄菟。

庚午，閬中山崩。〔一〕辛未，扶風言白鹿見雍。

〔一〕閬中，縣，屬巴郡，臨閬中水，因以爲名，今隆州縣也。

辛巳，遣侍御史分行青冀二州灾害，督錄盜賊。

秋七月丁酉，初復右校（令）、左校〔令〕丞官。〔一〕

〔一〕續漢志曰：「將作大匠屬官有左右校，皆有令、丞。」中興未置，今始復。

日南徼外蠻豪帥詣闕貢獻。

馮翊言甘露降頻陽、衙。〔一〕潁川上言木連理。白鹿、麒麟見陽翟。

〔一〕頻陽，縣，故城在今雍州美原縣西南。衙見上。

鮮卑寇高柳。

梁王堅薨。〔一〕

〔一〕明帝孫，節王暢之子也。

八月辛巳，大鴻臚耿寶爲大將軍。

戊子，潁川上言麒麟一、白虎二見陽翟。

九月丁酉，廢皇太子保爲濟陰王。〔一〕

〔一〕常侍江京等譖之也。

乙巳，詔郡國中都官死罪繫囚減罪一等，(詔)〔詣〕敦煌、隴西及度遼營；〔一〕其右趾以下及亡命者贖，各有差。

〔一〕漢官儀曰「度遼將軍屯五原曼柏縣」也。

辛亥，濟南上言黃龍見歷城。〔一〕庚申晦，日有食之。

〔一〕歷城，縣，屬濟南國，今齊州縣也。

冬十月，行幸長安。壬午，新豐上言鳳皇集西界亭。〔一〕丁亥，會三輔守、令、掾史於長安，作樂。閏月乙未，祠高廟，遂有事十一陵，歷觀上林、昆明池。遣使者祠太上皇于萬年，以中牢祠蕭何、曹參、霍光。十一月乙丑，至自長安。

〔一〕今新豐縣西南有鳳皇原，俗傳云即此時鳳皇所集之處也。

十二月乙未，琅邪言黃龍見諸縣。〔一〕

〔一〕諸，縣名，故城在今密州諸城縣西南。

是歲，京師及（諸）郡國二十三地震；三十六雨水，疾風，雨雹。

四年春正月壬午，東郡言黃龍二、麒麟一見濮陽。〔一〕

〔一〕縣名，屬東郡，卽古昆吾國，帝顓頊之墟，今濮州縣。

二月乙亥，下邳王衍薨。

甲辰，南巡狩。

三月戊午朔，日有食之。

庚申，幸宛，帝不豫。辛酉，令大將軍耿寶行太尉事。祠章陵園廟，告長沙、零陵太守，祠定王、節侯、鬱林府君。乙丑，自宛還。丁卯，幸葉，帝崩于乘輿，年三十二。祕不敢宣，所在上食問起居如故。庚午，還宮。辛未夕，乃發喪。尊皇后爲皇太后。太后臨朝，以后兄大鴻臚閻顯爲車騎將軍，定策禁中，立章帝孫濟北惠王壽子北鄉侯懿。〔一〕

〔一〕東觀記及續漢書並曰「北鄉侯犢」，今作「懿」，蓋二名。

甲戌，濟南王香薨。〔一〕

〔一〕光武曾孫簡王錯之子也。

乙酉，北鄉侯卽皇帝位。

夏四月丁酉，太尉馮石爲太傅，〔一〕司徒劉熹爲太尉，參錄尚書事；前司空李郃爲司徒。

〔一〕石字次初，荆州湖陽人也，馮魴之孫。

辛卯，大將軍耿寶、中常侍樊豐、侍中謝惲、周廣、乳母野王君王聖，坐相阿黨，豐、惲、廣下獄死，寶自殺，聖徙鴈門。

己酉，葬孝安皇帝于恭陵。〔一〕廟曰恭宗。

〔一〕在今洛陽東北二十七里。伏侯古今注曰「陵山周二百六十丈，高十五丈」也。

六月乙巳，大赦天下。詔先帝巡狩所幸，皆半入今年田租。

秋七月，西域長史班勇〔一〕擊車師後王，斬之。

〔一〕西域都護之長史也。

丙午，東海王肅薨。

冬十月丙午，越巂山崩。

辛亥，少帝薨。

是冬，京師大疫。

論曰：孝安雖稱尊享御，而權歸鄧氏，至乃損徹膳服，克念政道。然令自房帷，威不逮遠，始失根統，歸成陵敝。遂復計金授官，〔一〕移民逃寇，〔二〕推咎台衡，以荅天眚。〔三〕既云哲婦，亦「惟家之索」矣。〔四〕

〔一〕永初元年，令吏人入錢穀得至關內侯也。

〔二〕羌既轉盛，詔隴西徙襄武，安定徙美陽，北地徙池陽。

〔三〕台謂三台，三公象也。衡，平也，言天下所取平。伊尹爲阿衡，即其義也。

〔四〕哲，智也。索，盡也。謂鄧后專制國柄也。詩曰：「哲夫成城，哲婦傾城。」書曰：「牝雞之晨，惟家之索。」

贊曰：安德不升，秕我王度。〔一〕降奪儲嫡，開萌邪蠹。〔二〕馮石承歡，楊公逢怒。〔三〕彼日而微，遂祲天路。〔四〕

〔一〕秕，穀不成也。諭政敎之穢。左傳祈招之詩曰：「思我王度。」

〔二〕儲嫡謂太子也。邪蠹謂江京等也。

〔三〕續漢〔志〕〔書〕曰「上賜衞尉馮石寶劍、玉玦、雜繒布等」，故曰承歡也。楊公，楊震。逢怒謂樊豐等譖震，云有恚恨心，帝免之。

〔四〕日，君道也。微，不明也。祲，陰陽相侵之氣也。詩曰：「彼月而微，此日而微。」言君道闇亂，政化陵遲，漢祚衰微，自此而始，故言遂祲天路也。

校勘記

二〇三頁三行　恭宗孝安皇帝諱祜　按：集解引錢大昕說，謂獻帝初平元年有司奏，和、安、順、桓四帝無功德，不宜稱宗，故和帝、順帝、桓帝紀俱不稱某宗，獨此紀書「恭宗」，蓋刪之不盡也。

二〇三頁四行　又有赤蛇盤於牀笫之閒　按：集解引惠棟說，謂東觀記及宋書符瑞志「於」皆作「紆」，易林曰「盤紆九曲」，似當作「紆」。

二〇三頁八行　凡五十五篇　按：王鳴盛十七史商榷謂藝文志史籀十五篇，此上「五」字衍。

二〇三頁一〇行　八月殤帝崩　按：據殤帝紀，「八月」下應有「辛亥」二字，否則下文「其夜」二字無着，疑傳寫者誤脫也。

二〇五頁一行　天子崩未有謚　按：「謚」原譌「論」，逕改正。

二〇五頁二行　穀梁傳曰　按：校補引侯康說，謂見穀梁桓十八年傳注。

二〇五頁一六行　漢官典職曰　汲本「職」作「儀」。按：校補引孫星衍說，謂隋志漢官典職儀式二卷，漢衞尉蔡質撰，唐志蔡質漢官典儀一卷，諸書所引，又有作「漢官典職」、「漢官典職儀」者，皆後人省文也。

二〇六頁一〇行　分清河國封帝弟常保爲廣川王　按：集解引錢大昕說，謂安帝弟名常保，子亦名保，必有一誤。

二〇八頁二行　贈給東郡濟陰陳留梁國下邳山陽　按：殿本「梁國」下有「陳國」二字。

二〇九頁一一行　車騎(大)將軍鄧騭　據刊誤刪。

二〇九頁一四行　漢陽城中火　按：袁紀作「濮陽阿城中失火」。

二一〇頁一〇行　(玉)〔王〕者正天文之器也　按：汲本、殿本「玉」作「二」，誤。此作「玉」，與今本書舜典僞孔傳合，阮元校勘記謂「玉」當作「王」，今據改。

二一〇頁一三行　爾雅曰　按：此「爾」字及下「卓爾」之「爾」，原皆作「尒」，逕依汲本、殿本改。

二一一頁三行　詔王(圭)〔國〕官屬　據刊誤改。

二一五頁三行　京兆虎牙扶風都尉　按：姚範謂案續志，「京兆虎牙」下當有「都尉」二字。

二一七頁一四行　校尉謂城門屯騎越騎步兵長水(胡騎)〔射聲〕等　據刊誤改。

二一八頁一一行　太常劉(凱)〔愷〕爲司空　據校補引錢大昭說改。

二一九頁九行　東觀續漢　殿本考證萬承蒼謂「東觀」下脫一「記」字，「續漢」下脫一「書」字。今按：章懷注引書常用簡稱，非必脫譌也。

二三〇頁一一行　〔貧〕不能自存者　據汲本、殿本補。

二三〇頁一三行　二月己卯日南地坼三月癸酉日有食之　「二月己卯」汲本作「三月己卯」。通鑑考異謂本志及袁紀皆云「三月己卯，日南地坼」。案長曆，是年二月壬辰朔，無己卯，三月壬戌朔，癸酉十二日，不應日食。二月當是乙卯，三月當是癸亥。按：校補引洪亮吉說，謂日南地坼五行志作「三月己卯」，逆推至此年正月甲子，則己卯定在三月，當以五行志爲是。惟己卯後同月不得有癸酉日，且一歲不容有兩日食。細校五行志，乃知此係永初元年三月事，范史複載耳。

二三一頁一三行　先零羌敗涼州刺史皮陽於狄道　按：集解引惠棟說，謂「皮陽」西羌傳作「皮楊」。

二三三頁一行　十一月是歲郡國十五地震　按：校補引洪亮吉說，謂「十一月」下有闕文。

二三三頁二行　又攻夫犂營　按：集解引惠棟說，謂鮮卑傳「夫犂」作「扶黎」，章懷注「縣名，屬遼東郡」，通鑑胡注以爲兩漢無此縣。棟案遼東屬國有昌黎縣，都尉所治，昌黎卽前漢之交黎也，夫交相似而誤耳。

二三六頁一四行　三郡雨雹　按：御覽八七八引作「郡國三雨雹」。續五行志同。

二三七頁五行　雖有糜粥　按：「糜」原譌「麋」，逕改正。

二三八頁九行　在遼東〔東〕　據校補說補。

二四一頁九行　沈氏種羌叛寇張掖　按：校補引錢大昭說，謂三月已書「沈氐羌寇張掖」矣，此重出。

二四一頁一〇行　秋七月乙酉朔日有食之　按：推是年七月合朔乙酉，無日食，參閱續五行志六校記。

二四二頁一三行　遼東太守蔡諷　按：集解引惠棟說，謂「諷」一作「風」。

二三三頁三行　廢爲臨湖侯　按：集解引惠棟說，謂通鑑作「蕪湖侯」。

二三三頁七行　甲戌遼東屬國都尉龐奮承僞璽書殺玄菟太守姚光　按：通鑑考異謂姚光實以延光元年被殺，紀誤以「延」爲「建」。考異又云，延光元年四月無甲戌。

二三四頁五行　冬十一月己丑郡國三十五地震或坼裂　按：沈家本謂續志書「九月己丑」，此紀後文有「冬十二月」，不得重言「冬」。上文書「九月」，又書「戊子」，戊子與己丑相接。然則「冬十一月」四字乃衍文也。

二三四頁一一行　甲子初置漁陽營兵　按：沈家本謂甲子距上文己丑三十六日，疑上奪某月二字。

二三六頁五行　謂受超遷之　刊誤謂「受」當作「將」。按：汲本無「受」字。

二三六頁七行　九月甲戌郡國二十七地震　沈家本謂「甲戌」志作「戊申」。今按：是年九月壬寅朔，無甲戌，當依續志作「戊申」。

二三六頁一三行　虔人羌（反）攻穀羅城　校補謂虔人羌叛，攻穀羅城，已見上文七月，耿夔至是始討破之耳。承上攻穀羅城爲文，不當更書「反」。今據刪。

二三七頁一四行　京師及郡國三地震　按：沈家本謂續志作「三十二地震」，疑此奪「十二」兩字。

二三八頁六行　北海王（普）〔翼〕　據殿本考證引何焯說改。

二三九頁二行　南匈奴左日逐王叛　按：沈家本謂按匈奴傳，叛者乃新降一部大人阿族等，非左日逐王。

二三九頁八行　初復右校(令)左校〔令〕丞官　按：校補引侯康說，謂「右校令左校丞官」當作「右校左校令丞官」，以續志言左右校皆有令丞，劉注並言安帝復也。今據改。

二四〇頁一行　大鴻臚耿寶爲大將軍　按：袁紀「寶」作「珍」。

二四〇頁五行　(詔)〔詣〕敦煌隴西及度遼營　據刊誤改。按：汲本作「詣」。

二四一頁一行　京師及(諸)郡國二十三地震　據刊誤刪。

二四三頁三行　續漢(志)〔書〕曰　據刊誤改。

二四三頁一三行　逢怒謂樊豐等譖震　按：「謂」原譌「請」，逕改正。

後漢書